...und das beim Juwel der Schweizer Luftfahrt...

D1731127

© Herausgeberin: Crossair Aktiengesellschaft für europäischen Regionalluftverkehr
Redaktion/Texte: Hans Holenstein
Zeichnungen: Renato Riva
Satz und Druck: Vontobel Druck AG, Wetzikon
Verlag: Buchverlag Druckerei Wetzikon
ISBN 3-85981-188-6

...und das beim Juwel der Schweizer Luftfahrt...

Ein grosses Dankeschön

Wir haben zu danken – allen, die zum Gelingen dieses amüsanten Buches beigetragen haben: Annemarie Kobelt und Peter Meihofer für die Auszüge aus Passagierbriefen; Renato Riva für die gelungenen Karikaturen, die den Text auflockern; den Mitarbeitern der Vontobel Druck AG und selbstredend allen weiblichen und männlichen Passagieren, die der Crossair geschrieben haben.

Statt eines Vorworts: Einsteigen bitte!

Im Flugzeug müssten wir raten: Bitte schnallen Sie sich an! Das ist hier nicht notwendig, denn was da in geschriebener und gezeichneter Form vorliegt, regt zweifellos zum Lesen und zum Lachen an. Es beginnt mit dem Titelbild, für das dem Zeichner dieser Text vorlag: Durch das Fenster des Flugzeuges konnte ich diesen Koffer eindeutig als meinen identifizieren.

Jede anständige Zeitung, Illustrierte oder Fachpublikation hat eine Leserseite. Es ist erwiesen, dass diese als eine der ersten angesehen wird. Was die Leserbriefe einer Zeitung bedeuten, sind die Briefe von Passagieren für eine Fluggesellschaft. Als Zeitungsabonnent/in äussert man sich in einem Leserbrief vornehmlich dann, wenn man in seinem Blatt einen Fehler entdeckt hat. Da liegt schon ein kleiner Unterschied zu den Passagierbriefen, in denen nämlich sehr oft von angenehmen Erlebnissen berichtet wird.

Doch liegen Lob und Tadel nahe beisammen, und die Formulierungen in den verschiedensten Sprachen sind amüsant zu lesen. Aus einem solchen Brief stammt auch der Titel dieses Buches «...und das beim Juwel der Schweizer Luftfahrt...» Dieser Schlussfolgerung kann sowohl eine positive als auch eine negative Feststellung vorausgegangen sein. Schreiberinnen und Schreiber wollen ja ihren Unwillen ausdrücken oder eben ein erfreuliches Erlebnis weitergeben. Hier gleich eine notwendige Anmerkung: Die Fehler in den wiedergegebenen Auszügen aus Briefen sind keine Druckfehler, sie existieren bereits im Original.

Dass man bei Crossair schriftlichen und mündlichen Äusserungen der Flugpassagiere durchaus positiv gegenübersteht, wird im Bericht «Passagierbriefe gehen diesen Weg» näher erläutert. Und der Chef Moritz Suter gewinnt der Sache einen grundsätzlichen Aspekt ab: «Ein Passagierbrief ist oft eine Anregung zu einer Verbesserung. Und wir alle sehen ja unsere Aufgabe in erster Linie darin, unsere Passagiere sicher und bequem ans Ziel zu fliegen.»

Hans Holenstein,
verantwortlich für Begleittexte,
redaktionelle Bearbeitung
und Koordination

Inhalt

'Albanische Sprachkenntnisse erwünscht...?'

Sehr geehrte Damen und Herren

Jch habe einen guten Eindruck von Jhrem Personal. Sie sind sehr freundlich, angenehm und hilfsbereit, was ich aber zu bemängeln habe ist folgendes: Warum gibt es auf diesem Flug nur Frauen Stewardessen? Z.b. auf diesem Flug zwischen Prishtina und Zürich befinden sich hauptsächlich (zu 99 %) Leute die Albanisch sprechen und Jhre Mitteilung auf deutsch und englisch nicht gut verstehen. Es wäre sehr hilfreich wenn es ein Steward/esse gäbe der/die albanisch sprechen könnte. Die Leute wären somit noch optimaler betreut, würden sich sicherer fühlen und immer wieder auftretende Sprachliche Missverständnisse würden eliminiert werden.
Ich als Person mit grossen und vielseitigen Sprachkenntnisse (albanische Muttersprache) würde mich interessieren als Steward diese Aufgabe zu übernehmen was schon immer mein Traumberuf war. Gerne erwarte ich von Jhnen eine Antwort diesbezügl. und würde mich gegegenenfalls gerne schriftlich bewerben und verbleibe mit freundlichen Grüssen

Salihu Ujup, 4053 Basel

*... wir haben den Mietwagen dann Ihren Stadionsvorstand, bei der
Crossair, übergeben. Hätte Ihre Stadionsvorstand diesen Mietwagen korrekt abgegeben, wäre sicherlich nicht eine solche Dis-
krepanz entstanden*

Passagier-Briefe gehen diesen Weg

So um die zweitausend gute und böse Briefe von Passagieren tref-
fen jedes Jahr bei der Crossair ein. Dort gibt es eine spezielle
Abteilung, genannt Customer Relations oder zu deutsch Kundenbeziehungen. Vier Personen nehmen sich mit viel Einfühlungsver-
mögen jedes einzelnen «Falles» an und versuchen, die Fluggäste
auf kulante Art zufriedenzustellen.

Diese Anlaufstelle kommt auf verschiedene Art zu den Reaktionen der Passagiere: direkt schriftlich oder per Telefon; von einer
andern internen Abteilung, an die der Brief gerichtet war; in Form
des an Bord der Flugzeuge abgegebenen Formulars; oder – was
selten vorkommt – persönliche Vorsprache eines Passagiers.

Obschon sogenannte Transport-Reglemente – etwa IATA-Vor-
schriften – vorliegen und die Abteilung Kundenbeziehungen

gewisse Schemata vorbereitet hat, wird jeder Brief individuell beantwortet. Und das in deutscher, französischer, italienischer und englischer Sprache. Man versucht ernsthaft, auf die angesprochenen Probleme einzugehen, nimmt Rücksprache mit betroffenen Stellen oder konsultiert Spezialisten. Das Customer-Relations-Quartett macht es sich wirklich nicht einfach, vor allem werden niemals Standardbriefe verschickt.

Manche Passagiere machen sich einen Spass daraus, einen halben Roman zu schreiben, andere belassen es bei ein paar Zeilen. Aber alle werden ernst genommen, zumal ja auch viele Reaktionen positiven Charakter aufweisen. Was in den in diesem Buch abgedruckten Auszügen aus Briefen einwandfrei zum Ausdruck kommt. Dabei muss aber auffallen, dass etwa die Hälfte aller Reklamationen das Gepäck betrifft. Da ist ja meist nicht die Fluggesellschaft selbst verantwortlich, sondern es sind ihre Handling-Agenten oder die Leute von der Abfertigung auf den verschiedenen Flughäfen.

Und der Aufwand pro Intervention? Der kann bis zu einem ganzen Tag betragen, wenn die Dinge kompliziert liegen. Aber es gibt zahlreiche Interventionen, die am Telefon auf charmante Art erledigt werden. Crossair hat schliesslich zwei Damen im Team Kundenbeziehungen. Und man stellt mit Vergnügen fest, dass in einzelnen Fällen auf die Antwort der Fluggesellschaft noch ein paar Dankesworte eintreffen. Und das macht Freude!

… thank you for the security, the sense of protection and for showing that they can always "give the best" to their passengers.

Was so Allgemeines geschrieben wird

Bei der Crossair stimme wirklich alles, stellt ein Passagier fest. Ein anderer, 183 Zentimeter gross, schlägt eine Umfirmierung in Appenzell-Air vor. In dieser enormen Bandbreite bewegen sich die Briefe, wenn es um die Fluggesellschaft ganz allgemein geht. Ich schreibe Ihnen auch aus Sympathie zur Crossair, heisst es in solchem Schreiben ebenso wie etwa: Das war die grösste Unkulanz, die mir bis jetzt als Geschäftsfrau untergekommen ist. In manchen Fällen freuen sich eben Passagiere so sehr, dass sie sich einfach hinsetzen und einen Brief schreiben müssen. Was dann etwa in solchen Aussagen gipfelt: Ich weiss, dass Sie Ihren Fluggästen den besten Service der Welt anbieten.

... den Champagner kann ich leider nicht annehmen, da ich mit dieser Abspeisung absolut nicht einverstanden bin.

... es war mir leider nicht möglich, irgendwo zu nächtigen (unter einer Brücke), unausgeschlafen und unrasiert mit ungewaschenem Hemd zum Gespräch zu erscheinen.

... auch ich muss zugeben, dass es mir Kopfzerbrechen bereitet, wenn ich feststellen muss, dass all diese Daten in Ihrem Computer nicht gespeichert sind.

... den Essensgutschein habe ich nicht eingelöst – ein Blick auf das einzige erhältliche Essen genügte vollauf.

... Fehler können überall passieren, ich denke nicht daran, meine Crossair-Aktien zu verkaufen.

... der gestrige Flug kam einem Dilemma, fast einer unterentwickelten Fluggesellschaft gleich.

... ich weiss, dass Sie Ihren Fluggästen den besten Service der Welt anbieten.

... vielleicht könnte die Crossair hier wieder einen Zahn zulegen.

... übrigens kann ich mir nicht vorstellen, dass Flugpassagiere Diebe sind.

... wenn Sie schon solch komplizierte Kombinationen verkaufen, dann informieren Sie die Fluggäste doch bitte *ohne* die Voraussetzung, bereits mehrere Jahre als Flight Attendant gearbeitet zu haben.

... je nach der Raschheit und Art der Erledigung wird sich meine Einstellung zu Ihrer Gesellschaft inskünftig bestimmen.

... schon wieder eine Firma, die Geiseln hat... und nicht Kunden.

… finde ich die grösste Unkulanz, die mir bis jetzt als Geschäftsfrau untergekommen ist.

… da Herr X als nicht reisegewandt gilt, verbrachte er die Nacht
am Flughafen.

… schlussendlich habe ich für den Flug von Basel nach Venedig
12 Stunden gebraucht, eine solche Zeitdauer genügt normalerweise bequem nach New York oder Peking.

… Ihre Linie ist schon für meine versauten Indien-Ferien vom
März verantwortlich.

… durch die professionelle Arbeitsweise Ihres Unternehmens ist
mein Termin geplatzt.

… Sie haben hoffentlich nicht die Ausrede parat, dass man für
einen 3-Stunden-Flug (eh schon zu lang für diese Strecke) all
die dringend benötigten Sachen (von der Antibabypille bis
zum Babymaterial) im Handgepäck haben sollte.

… dort gibt es keine Pampers für Babys, die in der «Nursery» der
Swissair zu völlig überteuerten Preisen verkauft werden.

… aber da, O Schreck, auf dem Ticket stand nicht Porto sondern
Bordeaux Frankreich geschrieben. Ich war soendtäuscht, dass
ich kaum ein Wort hervorbrachte.

… dies war noch lange nicht meine letzte Reise mit Crossair.

… ich reise eigentlich nur mit Crossair, aber wegen einem Streik
wurde ich auf Air X umgebucht: was für ein Horror.

… zweifellos die beste «kleine Airline», die ich je benützt habe.

… Ihnen und Ihrer Gesellschaft wünsche ich so viel Erfolg, dass
Sie bald wieder schwarze Zahlen schreiben können.

… auf meinem letzten Flug nach Klagenfurt erlebte ich eine gute Landung, nur leider nicht in Klagenfurt, sondern in München.

… war ich bisher eine ordentliche Flügerei gewohnt.

… ich bedanke mich ganz herzlich für Ihren freundlichen Anruf. Sie haben mir damit einen noch schöneren Tag bereitet, als er schon war.

… es war das erstemal, dass uns so etwas passierte. Und ausgerechnet beim Juwel der Schweizer Luftfahrt. Schade.

… ich bin weder Pilot noch Luftfahrtexperte, aber die Wetterverhältnisse waren sehr ruhig, und der Wind konnte kaum als Wirbelsturm bezeichnet werden.

… daraufhin konnte nur am Weekend die Linie mit Crossair geflogen werden, und so bestellte ich meinen Anwalt aus Lugano zum Kaffee in Agno am Samstag morgen. In Lugano konnte ich nur noch in Eile von der einen Maschine in die andere spurten, und so verpasste ich die teure Stunde des Anwalts völlig.

… gerne erwarten wir Ihre Stellungnahme mit einer möglichen Geste.

… der Cityliner ist ein «sympathisches» Flugzeug; ein kleiner «Kraftprotz», der offensichtlich ausserordentlich zuverlässig ist.

… sonst läge ich vermutlich aufgeweicht, halb abgesoffen in Agno auf der Treppe des Crossair International Airport.

… ich schreibe Ihnen auch aus Sympathie zur Crossair.

… endlich geschafft, nach Handgepäck- und Leibesvisitation als potentieller Krimineller in die Abflughalle zu robben.

... meine inzwischen gewachsenen Barthaare raufend, stellte ich fest, dass es noch keinen Sitzplatz gab.

... denn einerseits hat meine Frau grosse Bedenken bei Propellerflugzeugen, und ich andererseits habe grösste Schwierigkeiten mit kleinen Flugzeugen (Platzangst).

... in Zukunft werden wir auch auf kurzen Flügen eine Airline mit fröhlichen und lebhaften Mitarbeitern bevorzugen – die Crossair.

... if I, or anyone from our company is ever traveling where Crossair is available, our choice is simple, hands down, there cannot be any air service to compete.

... sollten Sie für Fluggäste, die wie ich 183 cm oder grösser sind, eine Umfirmierung in Appenzell-Air vornehmen.

... passierte es, dass ich stolperte und der Länge nach – peso morto – direkt in den Eingang des Flugzeugs – den drei vordersten Passagieren (3 Herren) vor die Füsse stürzte! Ich flog also sozusagen schon früher als die Maschine.

... ich kann nur Gratullieren das Sie neue gute mitarbeiter gefunden haben. Mit so ein personal kann man nur sagen – Herzliches glückwunsch und alles gutes in Zukunft.

... ich bin behindert, fliege jedoch sehr oft. Von all den Fluggesellschaften, die ich bisher in Anspruch genommen habe, fühle ich mich bei Ihnen am sichersten. Alle Ihre Damen und Herren, die ich bis jetzt kennenlernte, zeichneten sich durch grosse Hilfsbereitschaft und Freundlichkeit aus.

... zwar fliege ich gerne mit der Crossair, aber ich habe Angst davor, was passieren wird. Freitags hin, sonntags zurück braucht man schon ein Airbus. Eine kleinere Maschine würde eine Katastrophe sein.

… bei der Crossair stimmt wirklich alles! Selbst unser 17 Monate alter Enkel fühlte sich vögeliwohl! Kompliment.

… as I still have not had a chance to fly with Crossair I am asking you to send me one "sickbag" (unused) from your airline company.

… wir reisen überall in der Welt, von Rio nach Japan und Mauritius nach New York, aber wir haben recht selten etwas so Gutes gefunden! Wir werden es all unseren Freunden vorschlagen, so weit wie möglich in der Zukunft Crossair zu fliegen.

… hatte ich das Vergnügen, mit Ihrer Gesellschaft nach Athen zu fliegen. Es war wiederum eine tolle Sache. Für mich die beste Charterfluggesellschaft.

… die Air X wirkt gegen die Crossair wie ein alter, verlauster Tante-Emma-Laden.

… ein Fluggast darf sicher einmal auch ein Kompliment der Crossair machen, nicht wahr?

… war keine Deutschschweizer Zeitung da, verschwiegen denn eine BAZ, BAZ ist für Crossair sowieso ein Fremdwort.

… well, I've never written such a letter in my life, but your company deserves all my best congratulations for the perfect service you've offered me.

… daneben kommen Ihre üblichen Vorzüge, für die ich Ihnen ein grosses Lob aussprechen möchte. Um so mehr ist es schade, wenn diese Trümpfe durch das Personal und die Organisation von Air X zunichte gemacht werden!

… I am wondering how a prestigious company intends to meet the coming challenges without listening to its customers.

… es war eine kleine Crossair-Maschine, die trotz des eher stürmischen Wetters ausgezeichnet flog.

… glaubte ich, Bern (in englisch ausgesprochen «Börn») verstanden zu haben. Als ich sah, dass an der Anzeigetafel Burningham stand, habe ich mir nicht weiter Gedanken gemacht.

… I will try to avoid your airline wherever possible and will inform my travel agency accordingly.

… der gesamten Crossair-Crew wünsche ich vor allem wenig «europäische» Turbulenzen.

… I am very satisfied with the prompt handling of this matter and the generous indemnity. I am looking forward to fly with you again.

… I collected my suitcase one day after my arrival. A free ticket Basel–London would be a right compensation.

... fliegen ist für einen Passagier ohnehin eine Art «Viehabfertigung», aber man sollte es ihm doch nicht so deutlich zeigen.

... I am sure that her behaviour would have been different if my skin colour had been white.

... we have in our years of travel flown with numerous airlines, but seldom did we experience the level of courtesy and service that we received on your airline.

... so haben wir dann unser Wochenende statt auf einer Gondel in Venedig auf einem Pedalo auf dem Luganersee verbringen müssen.

... Sie können auf die Flugverbindung aus Florenz so lange warten, wie Sie wollen, wir verlangen von Ihnen jedoch, ein pünktlichen Abflug.

... möchten wir Sie bitten uns schriftlich auf unser Schreiben Stellung zu nehmen. Telefonische Anrufe bitten wir Sie zu unterlassen.

... zum Flug gibt es nur zu sagen, dass ich noch nie besser geflogen bin als mit der Crossair. Alles war einfach perfekt. Vielen Dank.

... Ihnen frohe Zukunft mit Ihren Kontrollettis und Kundenschikanovskis.

... möchten wir festhalten, dass wir in ähnlichen Fällen in Südamerika bei sogenannten Billigfluggesellschaften weitaus kulanter behandelt wurden.

... it is always a pleasure to fly Crossair! To enjoy the special passenger treatment, to see a special Crossair smile, to observe the enthusiastic way they do the job. Please continue this style and good luck.

... sicherlich können Sie sich vorstellen, dass ich sehr sauer auf CROSS-AIR bin.

... verzeihen Sie meine nur gutgemeinten Laiengedanken.

... Crossair, c'est sup'Air...

... obwohl man meiner Tante vom Aussehen her die 88 Jahre nicht gibt, finde ich es eine Unverschämtheit, mit einem Passagier derart zu verfahren.

... we hope never to fly Crossair again.

... the captain is excellent, the people at the airport are very good, the flight attendants very nice, but your food is now very bad.

... mit der Bitte, nicht ständig den Wunsch nach österreichischen Zeitungen zu ignorieren, verbleibe ich...

... bin ich erstmals mit Ihrer Gesellschaft gereist – und restlos begeistert. Den Charakter der von Ihnen gebotenen Dienstleistungen möchte ich mit «sophisticated» beschreiben.

... der daraus resultierende Schaden an meiner Gesundheit: infolge Aufregung eine Hypoglykämie mit ausgeprägt individueller Gefahr einer Bewusstlosigkeit.

... we began to think we were on Aeroflot which at least has a bad reputation.

... dass unsere Ferien dennoch zu einem unvergesslichen Erlebnis wurden, verdanken wir Ihrer Gesellschaft.

... jedesmal bin ich hocherfreut über den ausgezeichneten, ruhigen Flug mit der kleinen Crossair – die in meinen Augen die Grösste ist.

… in spite of what we had hoped for, the return flight was uneventful!

… Genehmigen Sie die Versicherung unseres aufrichtigen und verbindlichen Dankes für Ihre Bemühungen und Ihr geschätztes Entgegenkommen!

… wer wie ich seit 1923 fliegt und die Zeiten der ersten Hostess, Nelly Diener, miterlebt hat, darf sich einer gewissen Erfahrung rühmen!

… Crossair hat mich sehr gut gefallen vor allem der Flug nach Marseille, welcher nicht verspätet war und auch kein Umsteigen hatte!

… ich bin 23 Jahre alt und ein grosser Fliegereifan. Letzten Sonntag bin ich wieder mit Ihnen von Zürich nach Basel geflogen und habe den Flughafen wiederum ganz aufgestellt verlassen!

… es bleibt nicht zu hoffen, dass Sie mich mit Ihrer Antwort veranlassen, dieses Schreiben in englisch an die Redaktion des Business Traveller weitergeben zu müssen!

… in Sachen Betreuung ist CROSSAIR absolut number one!

… I always travel first class but had to take Crossair today. I find your service on the small plane by far superior to the service I am used to on worldwide airlines!

… ich möchte Ihnen einfach danke sagen, dass Sie mich durch die Freundlichkeit, Aufmerksamkeit und alles andere was ich bis jetzt von der Crossair kennengelernt habe aufgestellt haben!

… bei der Air X ist das Personal eher arrogant und eingebildet! Das mein Eindruck. Die Crossair dagegen ist eine Familie! So eine Freundlichkeit, nettes Personal, und erst das Flugerlebnis, das ist wirkliches Fliegen!

... Betrifft: Beschwerde, wegen einer Art und Weise, wie die Sitze auf dem Flug von Guernsey nach Zürich LX 843!

... es ist für alle Fluggäste schockierend, nach einer Arbeitswoche unter den erschütternden Arbeitsbedingungen in der ehemaligen DDR, bei einer renommierten schweizerischen Fluggesellschaft auf ähnliche ungeordnete Verhältnisse zu stossen!

... von Flugzeugen verstehe ich gar nichts, könnte mir jedoch vorstellen, dass es sich hier um ein älteres Modell handelte, da der Motorenlärm auch noch die Erklärungen zu den Sicherheits-Vorführungen schluckte!

... aufgrund meiner so guten Erfahrungen werde ich Ihr Angebot bevorzugen und vor allem meinen Geschäftsfreunden sehr empfehlen!

... well done, Crossair, and thanks again for a lovely flight!

... damit Sie mich nicht sofort in die Kategorie der chronischen Meckerer einreihen, möchte ich Ihnen sagen, dass ich ein Vielflieger bin.

... lors de mon voyage j'ai eu droit non pas à un baptême de l'air mais, à un baptême au champagne et au jus d'orange. Je continuerai toutefois à rester fidèle a Crossair!

... following is a blieffing on what happenen for my flight from Rome to Belp for your better understanding. I arrived three hours earlier to avoid any trouble as I alwaya had in the past some kind of trouble at Rome!

... diese beschriebene Situation hat mich viel Zeit und Energie gekostet, und auch Finanzel betroffen, so das ich Sie bitte diese mit einem Hin und Zurückflug Büxelles–Lugano zu vergüten!

... befördern Sie nur Kundschaft mit einem IQ in der Grössenordnung der Zimmertemperatur? Oder welche Zielgruppe soll Ihre Werbung ansprechen?

... Esswaren, welche von der Fluggesellschaft normalerweise zur Verfügung gestellt werden sollten, gab es nicht (leergefressen) und von einem Essbon kann schon gar nicht die Rede sein!

... dass Sie mir auf diese nette Art dieses stundenlange Warten vergessen lassen wollen, ist Ihnen gelungen!

... eine solche Fuhrhaltermentalität steht in krassem Widerspruch zur behaupteten Kundenfreundlichkeit der Crossair!

... there are several complaints which arise from this disastrous journey!

... wir hoffen sehr, dass das eingebüsste Image Ihrer Gesellschaft sich mit einem reibungslosen Reiseverlauf unseres nächsten Fluges wieder etwas «aufpolieren» lässt!

... alles in allem finde ich diesen, im Auftrag der Air X ausgeführten Flug, eine Bereicherung und Aufwertung des Air X Angebotes!

... habe ich die Linie «Crossair» immer sehr geschätzt und für eine seriöse freundliche Airline gehalten. Leider musste ich meine Meinung ändern!

... Alles schön und gut. Nur das Wetter nicht! Uns ist auch klar, dass Sie nicht der Herrgott sind!

... das Wort Fluggast ist sowieso ein Hohn!

... habe ich bis heute keine Antwort erhalten und muss feststellen, dass Sie schneller fliegen als antworten, was aber nicht gerade ideal ist!

… Crossair must be the «Singapore Airlines» of Europe, maybe better!

… Ihr Service ist in meinen vielen Reisen bis jetzt unübertroffen!

… I wish you every success and may long fly Crossair!!!

… Crossair was always a pleasure to fly with but this time it just crowned the flight. No wonder you won an Award by the Business Traveler Association!

… bin ich überzeugt, dass Sie meine wilden Phantasien und unsachlichen Vorbehalte zerstreuen werden!

… in my opinion you provide first class service at an economy price!

… Ihre Fluggesellschaft ist absolute Spitze. Ich hoffe die Crossair bleibt bestehen und hält durch!

… habe ich einmal mehr positiv zur Kenntnis genommen, dass die Crossair es immer wieder versteht, sich von ihrer Konkurrenz abzuheben!

… the perfect "Jumbolino" landings are a sheer delight to complete my confidence that Crossair have got it right!

… as a businessman my husband travels fairly frequently and has now vowed only to travel Crossair to London!

… congratulations on your continuous improvments. Its these differences that set you apart!

… ich schreibe normalerweise nur Briefe, wenn ich etwas zu beanstanden habe. Doch bei meinen kürzlichen Flügen fiel mir Ihr Service so positiv auf, dass ich Sie das wissen lassen wollte!

… bitte ich um Stellungnahme, es muss ja in Ihrem Interesse sein, einen guten Eindruck zu hinterlassen!

… ich finde dieses Handeln nicht «Crossair-like» und bedaure, dass auch Ihre Fluggesellschaft ihren Ruf als erstklassige Fluglinie mehr und mehr verliert!

… der von Ihrer Gesellschaft in diesem Fall «gebotene» Service erstaunt mich doch einigermassen, es handelt sich ja nicht um irgend eine billige Charterfirma!

… der Crossair-Flug mit einem «Jumbolino» war in jeder Beziehung einer meiner schönsten Flüge der letzten 27 Jahre!

… I will certainly fly Crossair again, and recommend all my friends (and I have a lot), to do the same!

… ich stehe da, wie vom Donner gerührt und weiss noch nicht, ob ich jetzt gleich einen Schrei- oder einen Lachkrampf bekommen soll!

… we will like more to fly with Crossair!

… combien cela nous fût facilité par l'accueil fantastique, chaleureux et exemplaire de votre équipage!

… als Vielflieger mit mehr als 200 Flügen jährlich, destinationsbedingt leider wenig mit Crossair, hatte ich gestern das Vergnügen mit Ihrer Airline zu fliegen!

… leider zeigt sich krass, dass in Sachen «Total Customer Satisfaction» offensichtlich Nachholbedürfnis bei der Crossair besteht!

… I feel obliged to bring to your attention the deep satisfaction that I feel in relation to the exemplary service supplied by Crossair personnel!

… ist es anscheinend im Flughafen von Florenz nicht möglich, mittels Kreditkarte ein Zugticket zu kaufen. Dies ist wohl am Hauptbahnhof in Florenz möglich, jedoch nicht mit Kreditkarten, sondern nur cash!

… im weiteren hoffe ich, dass Sie in Zukunft Ihre vollzahlenden Kunden nicht wieder wie «ein Esel am Berg» stehen lassen!

… in the future, I will encourage all my colleagues and acquaintances to use Crossair whenever appropriate!

… einmal mehr hat uns Crossair überzeugt. Wir hoffen, dass Sie diesen Stil weiterpflegen!

… seulement deux mots pour vous dire que ce voyage a été très agréable. Bravo – c'est même mieux que Swissair!

… als Vielflieger, mit der Crossair zum 1. mal unterwegs, bin ich von Ihrem exellenten und originellen Service begeistert. Die «Grossen» können hier sicherlich noch einiges lernen!

… My wife has not set a foot in an aircraft since a 1958 incident. At the time she had to sit next to a constantly vibrating door which she imagined would open and she would be sucked out. We married in 1965 and since then on holiday occasions to the Continent we drove. She is now confident in view of your reputation and reliability although of course still apprehensive. We are not travelling for a holiday but to a emetery memorial as my mother passed away last year whilst my daughters were unable to attend the burial service. On the occasion of this letter may I also ask you for permission to visit the cockpit of our respective aircrafts (I know that my daughters would be pleased to do that – I am not sure that my wife would)!

… bisher war ich mit Ihrer Fluggesellschaft zufrieden, ob das in Zukunft noch ist, liegt an Ihnen!

… only internal Indian flights in my experience are worse in terms of food and service. When Swissair is so good why are you so bad?

… un grand Merci! Pour le professionalisme, la qualité, l'attention toute particulière des hôtesses, la peinture sur les avions aussi, bravo pour les repas légèrs, les fraises au petit déjeuner, tout est parfait, un rêve de voyager!

… furthermore, I travelled from London for the first time with Crossair and was again impressed with the quality and efficiency of the service. I believe it leaves some of your competitors in the shade!

… möchten wir Sie höflich darauf aufmerksam machen, dass der Kunde auch bei einer Gratistelefonnummer König sein sollte!

… der professionelle, engagierte, effiziente, aufmerksame und äusserst freundliche Service von Frl. X war ein besonderes Vergnügen. Es ist mir ein Anliegen Sie dies wissen zu lassen, bestätigt dies doch auch Ihre glückliche Hand was Personaleinsatz anbelangt. Mein Platznachbar, Herr X aus Stockholm, kann diese Eindrücke nur bestätigen!

… möchte ich den Rückflug loben, der schlicht Spitze war. Alle negativen Beobachtungen vom Londonflug sind neutralisiert und meine Erwartungen voll erfüllt. Fast bedaure ich, einen so vernichtenden Brief verfasst zu haben. Allen Drohungen zum Trotz werde ich also weiterhin mit der Crossair nach London fliegen, trotz meiner neuen Air X «Executive Club» Karte!

… danke für den sanften Flug (in Berlin bin ich auch schon regelrecht «aufgeschlagen» mit anderen Piloten)!

… für Ihre Stellungnahme, von welcher meine künftigen Reservationen abhängen werden, danke ich Ihnen zum Voraus bestens!

... sie haben Ihr Versprechen mehr als gehalten: wir gratulieren! Still the smartest airline: small is beautiful! Wir meinen damit jedoch mehr als nur die Leckereien: auch attention and politness of the whole crew! Go ahead with that spirit!

... this was the perfect flight. If all flights in Europe were like this, I'd travel by air more often, because travel would again became a pleasure!

... nun sind wir das erste Mal mit Crossair geflogen. Nicht nur der Service stimmte, sondern auch alles andere, was mit diesem Flug zusammenhängt. Dieses Lob möchten wir nun auch an die Direktion weiterleiten, welche die Gesellschaft so gut im Griff hat. Leider hat uns die Air X, welche sonst einen so guten Service hatte, auf dem Rückflug Hong Kong–Zürich (First Class) enttäuscht!

... j'ai eu le plaisir de faire partie du deuxième vol d'une nouvelle collaboratrice de Crossair. Malgré son inexpérience, cette personne s'est investie au maximum pour assurer un vol agréable aux nombreux voyageurs. Je me permets d'insister sur cette personne qui à mon sens prend son travail très à cœur et présente une image excellente de Crossair!

... I am writing to thank everyone, in fact, who made my first flight ever a momrable one. You will never really know how much reassurance you have given me!

... I hope to be able to make many more happy flights in your beautiful comfortable Jumbolino with your lovely personnel around me!

... von den schönen Champagnergläsern hätten wir gerne mitgenommen, doch wir haben ja nur für den Flug bezahlt!

... I look forward to using Crossair again in the future and shall certainly recommend you to my business colleagues!

… wie Sie sehen haben meine Mutter und ich bereits 8 Aktionärsbons. Meine Mutter ist 72 Jahre jung und ich möchte diesen Flug mit ihr zusammen machen. Da ich geschieden bin und meinen Mädchennamen wieder angenommen habe, werde ich Ihnen meine Adresse angeben!

… ich versuchte beim Reisebüro Hapag Lloyd auf dem Messegelände in Hannover mein Ticket umzubuchen. Der Angestellte sagte mir: Crossair ist mir unbekannt!

… es ist äusserst angenehehm mit Ihnen zu fliegen, wobei ich bisher immer nur die kurzen Flüge Basel–Zürich genossen habe. Diese waren schon sehr angenehm. Auch ist für einen Passagier der «Jumbolino» äusserst angenehm!

… ich fliege nächsten Montag bereits wieder mit Crossair nach Frankfurt. Soll ich vorher ein Pick Nick einkaufen?

… non, il n'y a pas de problème. Il n'y a que satisfaction, sur ce vol Amsterdam–Genève. Mille mercis à vous toutes et tous!

… ich fliege 2–3mal im Jahr nach Dublin und benutzte immer die Flüge von Air X und Air Y. Ihr Service übertrifft beide Gesellschaften bei weitem!

… sahen wir auf einmal den Schatten des Flugzeugs in einem regenbogenfarbigen Ring weit unter uns mitschweben. Das muss man gesehen haben, um es zu glauben!

… as a tour manager for some 25 years I have flown on almost all the airlines of the world. I flew on flight LX 825 and a more fantastic flight I never had! Well done & keep up the good work!

… j'imaginais, naïvement, que ce genre de situation ne pouvait être que le fruit de compagnies «bananières»! Qu'arrive-t-il à Crossair?

… this note is from a frequent flyer who writes to express his sincere appreciation of good service!

… habe ich Crossair bei einer Umfrage in München als beste europäische Luftfahrtgesellschaft angegeben, weil ich die sympathische Bedienung, persönliche, familiäre Atmosphäre, das sehr gute Essen, schön serviert, die Zeitungen und den Champagner schätze!

… I had always heard wonderful things about airlines in Europe but I did not expect such service. Many thanks for the excellent service from your airline. And I congratulate you on the excellent choice of staff that you hire!

… j'ai été très surpris de me retrouver en plan à Copenhague avec votre vol annulé, c'est une excellente façon de fidéliser votre clientèle!

… Crossair Flüge sind wie eine Wundertüte: man hat jeden Flug eine andere Überraschung. Preise aber wie Swissair!

… je pense que l'ensemble de la compagnie merite und reconaissance mondiale!

… the personal touch was there throughout the flight which made me feel very special as a passenger of this airline!

… es ist völlig in Ordnung und auch ekonomisch durchaus vertretbar, dass kleinere Flugzeugtypen zum Einsatz kommen!

… this flight was the first I have taken in many years flying, in which everything was exactly as it should be. I wrote the foregoing in Zurich and held it in the suspicion that the return flight would be as good. It was, congratulations!

… da unser Baby mitflog konnten wir nur wenig zusätzliche Sachen im Handgepäck mitnehmen!

… on the whole the flight was extremely enjoyable and certainly I would fly with Crossair again and I will recommend to my friends and relatives if such an opportunity exists!

… Fluggerät miserabel! Klapptische vom Affen entwickelt und von Idioten gebaut! ¾ Stunde Verspätung! Mein Vorschlag: bleiben Sie mit der Crossair wie gehabt in den Bergen. Für Skiläufer und Bergwanderer geeignet, nicht für Geschäftsleute!

… ich bin seit dem Jahre 1991 Grossairaktionär. Die Grossair als Fluggesellschaft gefällt mir sehr!

… ich betrachte es nicht unbedingt als eine Aufmerksamkeit, mit Feuerwehr und Krankenwageneskorte zu landen, zumal dies kein Einzelfall ist!

… the "Jumbolino" aircraft used on these flights is not up to Swissair standards. Indeed, since the instructions on the back of the seats are in Spanish and English, I can only assume that the planes were bought second-hand from a Spanish or Latin American airline!

… die Krone von diesen 2 Wochen Ferien wurde aber von Crossair (vor allem Kabienenpersonal) aufgesetzt. Vielen herzlichen Dank. Ich bin schon oft mit mit verschiedenen Compagnien geflogen, auch beruflich, Crossair = Nr. 1!

… nach den üblichen Flügen in Grossraumflugzeugen war dieser Crossair-Flug wirklich ein unvergleichlicher Genuss, ja eine Erholung. Nochmals besten Dank!

… wer in diesem Hasenstall-Abteil der Air X noch Freundlichkeit erwartete, der hatte die Rechnung ohne den Wirt gemacht. Persönlich störte mich, dass die Air X mit Crossair-Passagieren so schlecht umgeht. Ich bin kein Billigfluggast und will auch nicht billig behandelt werden!

... durch das Fenster des Flugzeuges konnte ich diesen Koffer eindeutig als meinen identifizieren.

... wir möchten uns bei Crossair und ihren Mitarbeitern aufs Herzlichste bedanken. Der Einsatz der beteiligten Crossair-Mitarbeiter hat uns das Gefühl gegeben, als Kunde in Ausnahmesituationen ernst genommen zu werden!

... liebe Crossair, mache weiter so und kämpfe gegen die Gesichtslosen, die Grossen und die Gefühlsarmen!

... to assure you of our future patronage when next we need to fly to Switzerland!

... da ich geborene Irin bin, habe ich immer geglaubt, Aer Lingus sei die beste Fluggesellschaft! Jetzt stehen Sie aber oben auf meiner Rangliste und ich freue mich, mal wieder Crossair/ Swissair zu fliegen und in Gesprächen Ihren guten Ruf zu unterstützen!

... I first wrote to you in July 1993 about the new service on your Crossair service to Basel. At that time, things were new and obviously in their infancy stage. However, things have changed and I must say for the better. I am happy to say that the service now is excellent. It is far better than the service now on Air X. It is very nice when companies take on board the concerns of their customers!

... Ihrer Erledigung sehe ich gerne entgegen!

... im Gegensatz zu vielen anderen Airlines sparen Sie nicht am «Wohl der Passagiere». Ich bin überzeugt, dass diese Rechnung aufgehen wird!

... ich glaube fast, in all den Jahren in welchen ich in der Weltgeschichte herumreiste, habe ich wirklich noch nie so etwas schönes wie diesen Flug erlebt!

... möchten wir der Crossair gratulieren, dass sie es versteht, ihr Personal so gut zu unternehmerischem Handeln zu motivieren!

... we have never had better service, and we believe you have got everything right!

... alles Gute Crossair und Mitarbeiter – Ihr seid wirklich «Spitze»!

... les compagnies suisses figurent parmi les meilleures au monde. Certainement aussi gràce à vous!

... Encore un tout grand bravo à tous et j'espère que vous allez continuer encore longtemps à rendre chaque vol en votre compagnie aussi agréable et reposant!

... vous êtes pour le «vieux» passager que je suis une forme de rayonnissement de l'aviation que j'ai connue il y a 20 ans!

… A l'avenir, comptez sur moi pour vous faire de la publicité!

… für Ihre Eisparbemühungen hat sicher jedermann Verständnis, allerdings sollte dies nicht auf Kosten ihrer Kunden gehen!

… das eingesetzte Fluggerät ist von seiner Ausstattung her eine ausgesprochene Zumutung im internationalen Flugverkehr!

… muss ich Ihnen ja nicht sagen, dass ab Basel die teuersten Flüge der Welt existieren. Den Flug Basel–Hamburg mit 700 km Luftlinie wollte ich schon lang ins Guiness Buch der Rekorde bringen!

… leider ging unser erster Crossair-Flug in jeder Beziehung daneben. Schade, Ihr Ruf war besser als unsere Erfahrung!

… das Zeitungsmaterial ist zu gering im Angebot!

… der Flug war natürlich auch perfekt in jeder Beziehung. Mein Entschluss steht fest. Wann immer möglich fliege ich mit Crossair!

… bin ich 22× mit der Crossair nach London geflogen, da mir Ihre Airline punkto Komfort, Service und Freundlichkeit mit Abstand am sympathischsten ist!

… das Reinigungstüchlein vor dem Frühstück hatte Format und war nicht nur ein nach Desinfektionsmittel riechender Fetzen!

… seit gestern ist nun meine Geduld endgültig strapaziert um nicht zu sagen, dass ich mich verschaukelt fühle!

… es zeigt, dass der Passagier noch gepflegt und als Person individuell betreut wird!

… ich weiss, dass die Airlines heutzutage nicht gerade auf Rosen gebettet sind, aber man kann sich auch zu Tode sparen!

… möge der Crossair bei der Auswahl des weibl. Flugpersonals stets ein solcher Erfolg garantiert sein!

… es ist immer ein besonderes Vergnügen mit der Crossair zu fliegen, wo das Service und das Angebot einfach super ist und alles bisherige (früher Air X) bei weitem übertrifft!

… die Information war dürftig, das Gepäck blieb in Lugano und keiner sagte etwas und Ihre Entscheidungsgeschwindigkeit erwies sich als äusserst lahm!

… möchte ich mich für Ihren ausgezeichneten Service bedanken. Machen Sie weiter so, Verbesserungsvorschläge sind nicht erforderlich!

… what would you think about making one day a year "Crossair Bikini Day"?

… en tant qu'enfant de la dernière guerre mondiale, j'ai une allergie contre les personnes qui jettent de la nourriture, réaction peut-être un peu demodée en ces temps de Semi-Wohlstand!

… vorläufig ziehe ich trotz des Umwegs über Zürich Ihre Stief-mutter namens Swissair vor!

… seit wann ist die Heilsarmee Hauptaktionärin bei Crossair? Dem Verhalten der Hostess nach zu schliessen wäre dies der Fall. Die Auswahl des Kabinenpersonals sollte mit etwas mehr Sorgfalt und Professionalität erfolgen!

… Ihr Personal entspricht nicht Schweizerischem Durchschnitt!

… this was by far the most pleasant flight I have ever been on. I wish all carriers could reach your standards, especially as I had to continue on to Birmingham on a Air X flight in cram-ped conditions with "plastic" food!

… Warum, zum Kuckuck, ist ein Flugzeug, dass man vom Boden aus sehen kann, nicht in der Lage zu landen?

… ich sagte dann, bei der Swissair hätte ich bis heute immer Oropax erhalten. Die Hostess gab mir als Antwort zu verstehen, dass ich halt nun mit der Crossair fliege und nicht mit der Swissair!

… nun gelange ich noch mit der folgenden Bitte an Sie, ob Sie mir wohl die Anschrift der Hostess zwecks persönlicher Dankesschrift aushändigen würden?

… cela démontre encore une fois, que pour une entreprise nationale, la valeur d'un franc payé par un Suisse romand n'est pas la même que celle d'un franc payé par un Suisse alèmanique, et que l'on continue de considérer les romands comme une sous-clientèle!

… ich gehe davon aus, dass für Sie die Angelegenheit mit einem dieser üblichen Entschuldigunsschreiben erledigt sein wird!

… ich bitte Sie, mein Schreiben zur Kenntnis zu nehmen und meinen Ärger in Athen Airport zu hinterlegen!

… im übrigen ist mir Ihre Crossair als sympathische Regionalluftlinie gut bekannt und ich freue mich über Ihren guten Leistungsausweis in einem wirtschaftlich eher schwierigen Umfeld!

… may I conclude by saying that apart from this trip all my many Crossair flights have been particularly enjoyable and over the last few years I have watched with great interest and pleasure the growth in your Company!

… nach meinem Spitalaufenthalt ist mir Ihr Schreiben unter den Haufen geraten, so dass ich erst heute dazu Stellung nehmen kann!

… als Geschäftsmann wende ich mich direkt an Sie und verzichte darauf die Polemikmache der Medien weiter anzuheizen!

… mit grosser Freude habe ich Ihren letzten Brief gelesen und möchte mich bei Ihnen recht herzlich für die grosszügige Behandlung meiner Anfrage bedanken. Die Art und Weise wie die Crossair diese Angelegenheit erledigt hat, bestätigt mir den ausgezeichneten Eindruck, den mir Ihre Airline in meiner Eigenschaft als Geschäftsreise-Passagier immer wieder hinterlässt!

… please advise us how we can avoid being poisoned on your flights!

… ich bin mit der letzten Kursmaschine nach Lugano geflogen. Trotz Verspätung infolge Streiks, technical Problems und late arrival aus London ein Vergnügen!

… in short, too much money for middle-class service!

… liebe Crossair, Du bist ein einzigartiges Fliegerchen, wenn Du uns auch anfangs dieses Jahres in Paris einen Streich gespielt hast!

… die Unprofessionalität – um nicht zu sagen Inkompetenz – und die Nonchalence, mit der Crossair mit Unregelmässigkeiten umgeht, steht meinem ursprünglich sehr positiven Bilde der Crossair diametral entgegen!

… wir sind überzeugt von der nach wie vor existierenden Dienstbereitschaft Ihrer Mitarbeiter und vom Pioniergeist Ihrer Firma. Eine Gesellschaft, die so geführt ist, wird auch zukünftig Erfolg haben und das wünschen wir Ihnen von Herzen!

… ich wollte mit Crossair fliegen, und nicht mit der Schickimicki-Air. Wenn mich nach mildem Tilsiter «gluschtet», kann mich ein rässer Appenzeller kaum aufstellen!

… in Zukunft werden wir versuchen, so oft es möglich ist, nur noch mit Crossair zu fliegen!

… nach dem Erlebten bin ich überzeugt, dass diese «technischen» Gründe in Tat und Wahrheit nur ein billiger Trick sind, um schlecht ausgelastete Flüge ausfallen zu lassen und somit auf dem Rücken der Kunden Kosten zu sparen!

… ich bin zum ersten Mal von Ihrer Fluggesellschaft, die in meiner Gunst an oberster Stelle steht, wirklich enttäuscht worden!

… the plane had been borrowed from Air X – together with the tray napkins, the crockery borrowed from a dolls house and portion control borrowed from Biafran cuisine. Fortunately, I had borrowed a packet of biscuits form the Air Y departure lounge on the outbound journey!

… der grosse Schreck kam aber, als meine Frau kürzlich den Rückflug via London mit der Air X machen musste; ich schreibe musste, weil der Service der Air X unter jeder Kritik schlecht war – schlechter noch als der von Air Y!

… soweit meine Zusammenfassung. Falls Sie beim Lesen dieser Zeilen ein Schmunzeln nicht unterdrücken konnten, lesen Sie das Ganze nochmal. Mir persönlich war in dieser Situation nicht zum Lachen zumute!

`'D Crossair, die kunnt druuss!'`

`'A letter to the president'`, liebe Moritz
muess konstruggtiv sy und kai Witz.
Und drotzdäm, wenn ych Dir due brichte,
denn uff my Art und mit dichte.
Dissmool bin y in grossem Booge
mit Crossair von Basel uff Manchester gflooge.
Scho dert han ych dr Ydrugg gha,
ass mes nit besser mache ka!
Doch dr Ruggflug darf kai Ruggflug blyybe
ohni dä e bitz z beschryybe:
D Cabin Crew - voll motiviert
hät zerscht ä Schämpis uns serviert.
Dä `'Gardet'` het mir so guet gschmeggt,
da han y ebbis Neys entdeggt!
Druffaaben isch denn s'Aesse ko
y ha dr letschti Bisse gnoh,
doch nit nur s Plättli, nai charmant
druggt d Hostess aim e Quiche in d Hand
und z letscht bim Kaffi, s isch perfäggt
griegt jeede Fluggascht non Konfäggt.
Uff die Art, s lyt klar uff dr Hand
bisch fascht scho im Schlaraffeland.
Die Detail maches ebben uuss
und zäige: d Crossair, die kunnt druuss!
Dä Service schetz ych, drum do my Dangg
s griesst härzlig

                    d Filzluus, e Comitébangg

LX 0887, 20. 03. 96, Seat 15 A

... ich glaube, die Hostess war die jüngste Person an Bord, aber sie hatte die Situation absolut im Griff.

Die Besatzungen stehen an der Front

Eines ist klar: Alle Passagiere kommen in engen Kontakt mit den Besatzungen eines Flugzeuges. So ergibt sich, dass das Verhalten eines Besatzungsmitgliedes – vorwiegend der Airhostessen – ganz einfach zur Beurteilung einer Gesellschaft führt. Was verständlich, aber ein bisschen einseitig ist. Man sagt ja nicht umsonst, das Attraktivste an einem Flugunternehmen seien – genau in dieser Reihenfolge – die Airhostessen, die Piloten und die Flugzeuge. So lässt sich auch erklären, dass in vielen Briefen Namen erwähnt werden. Hier sind diese allerdings mit X oder Y bezeichnet. Dabei funktioniert ja das ganze Geschäft nur, wenn zum Beispiel die Flugzeuge technisch in Ordnung und sauber sind. Oder wenn die Verkaufsleute die Plätze im Flieger verkauft haben und die Buchhalter Rechnungen und Abrechnungen rechtzeitig gemacht oder bezahlt haben. Hier also, was Passagiere über die Besatzungen zu sagen haben.

… die Hostess war die erste, welche das Feuer sah, und alarmierte sofort die Kabinenbesatzung.

… passierte ein Missgeschick, indem Ihrer Airhostess beim Servieren einige Trinkgläser umkippten und ihren Inhalt über die Kamera goss, die meine Frau gerade zum Fotografieren in der Hand hielt.

… es ist auch negativ aufgefallen, dass sich der Kapitän mit seiner mitgeführten Freundin und der restlichen Besatzung recht gut amüsierte, während sich die im Stich gelassenen Passagiere Sorgen machten.

… der Pilot signalisierte «Pech» für mich. Auf flehentliches Handzeichen (Bitte, Bitte…) wurde dann doch nochmal die Treppe herangezogen.

… einmal mehr haben Sie sich Mühe gegeben, Ihre Fluggäste zufriedenzustellen.

… herzlichen Dank für die tolle Crew in der Luft und am Boden. Als Vielflieger schätze ich Ihre Gesellschaft besonders.

… ich arbeite jetzt schon seit 20 Jahren bei der Air X, selten hatte ich aber so ausgesprochen den Eindruck, dass das Personal geradezu «den Plausch» hat an der Arbeit.

… ich bin schon mit etlichen Fluggesellschaften geflogen, aber Ihre Bemühungen sind überdurchschnittlich.

… so eine Stewardess hatte ich seit den 50er Jahren nicht mehr.

… Ihre Crew, inkl. der beiden Piloten, hat sich meines Problems mit grossem Engagement angenommen.

… es war ein Vergnügen, mit dieser Stewardess in der Luft zu sein.

… Frau X, unser F/A auf diesem Flug, war absolute Spitze, sie hat die Lage super gehandhabt.

… ich möchte Frau X für ihre äusserst aufgestellte und effiziente Art loben. Auf solche Flight Attendants kann die Crossair stolz sein.

… Hut ab vor Frau X, die Ihre Fluggesellschaft wirklich in allen Belangen super vertritt.

… das Fluggerät war tadellos und ein tolles Erlebnis, der Service an Bord überwältigend.

… Frau X hat meinen Partner – nicht unbedingt einen der einfachsten Passagiere – und mich fühlen lassen, dass wir an Bord Ihrer Maschine nicht nur zahlende Reisende, sondern willkommene Gäste sind.

… ich möchte Ihrer Unternehmung ein grosses Kompliment machen und der Hoffnung Ausdruck verleihen, dass sich diese Art von Service auch in den «Büchern» niederschlägt.

… wollte die Hostess abklären, was man tun könne, und verschwand auf Nimmerwiedersehen.

… hatten wir einen sehr turbulenten Flug, der nach Angabe Ihrer Hostess nur alle drei Jahre vorkommt.

… I must commend Crossair for the most excellent accommodations, and service, I have ever experienced in over twenty years of air travel.

… dass «De Venoge» meine in Firenze für teures Geld erstandene «Armani»-Jacke sehr feucht taufte, ärgerte noch mehr.

… freundlicherweise wurde mir die NZZ angeboten, die ich ebenso freundlich abgelehnt habe!

... Frau X hat mit sehr viel Engagement und grosser Herzlichkeit einen müden Manager auf dem Flug von Basel nach München wieder munter gemacht.

... die Begrüssung, der Service und die Verabschiedung durch die Stewardess waren schlicht und einfach gesagt PERFEKT und für mich noch nie dagewesen. Fast bedauerte ich es, dass die Flugzeit nur 1½ Stunden betrug.

... ich kenne keine Fluggesellschaft, bei der das Bordpersonal freundlicher und der Service üppiger ist. Schade, dass es Crossair nur auf Nebenstrecken gibt.

... nebenbei bemerkt, hat der Captain in Dresden eine der besten Landungen gemacht, die ich je erlebt habe. Kompliment.

... Frl. X hatte vermutlich einen sehr schlechten Tag oder eine nicht befriedigende Nacht gehabt. Die Haarfrisur liess zwar eher auf das Gegenteil schliessen!

... ma veste s'est en effet trouvée inondeée par la tasse de café du passager assis derrière moi, ce dernier ayant vu ladite tasse lui échapper et heurter le plafond de l'appareil, cependant que son contenu retombait en pluie sur mon siège.

... seit zwei Jahren bin ich ein begeisterter Kunde der Crossair und fliege mit Ihnen, wann immer ich kann. Ich gratuliere Ihnen zu Ihrem wirklich hervorragenden und stets auf hohem Niveau bleibenden Service.

... wurde mein Kleid durch fliegende Gläser in der Flugzeugkabine mit Orangensaft total bespritzt (inkl. Haare, Hals, Beine usw.).

... please accept my best compliments for the high level of professionalism of people working on your aircraft.

... die Flugbegleitung sprach mit meinem Sohn kein Wort, «schubste» ihn nur herum. Er wurde dann in letzter Minute von dieser selben Person in das Flugzeug nach Florenz «geschubst».

... jede Firma – auch eine Airline – wird wesentlich durch die Mitarbeiter geprägt. Ich darf Sie zu dieser Mitarbeiterin beglückwünschen.

... ich würde mich einfach und ohne weitere Absichten freuen, Frau X wiederzusehen... ich verspreche auch Ihnen, dass ich Frau X nicht weiter belästigen werde, falls sie mein Anliegen zurückweist... ich habe keine unlauteren Absichten und bin weder verheiratet, geschieden noch fest liiert und gelte im grossen ganzen als zurückhaltend, fair und anständig.

... leider hat sich die Hostess trotz wiederholter Bitte standhaft geweigert, den Bordverkauf zu eröffnen.

... denn ich bin wirklich begeistert von diesem Service und werde in Zukunft darauf achten, mehr von der Crossair profitieren zu können.

... eine so flotte Bedienung hätte ich öfters gerne; da können sich andere Airlines ein gutes Beispiel nehmen.

... bei Captain X und seinem Team möchte ich mich auf diesem Weg nochmals herzlich bedanken und hoffe, wieder einmal von ihm geflogen zu werden! In seinen Händen hatte ich nicht nur das Gefühl, sicher zu sein, sondern fühlte ich mich rund-um wohl.

... bin ich nicht bereit, mich von einer unverschämten Hostess so «abputzen» zu lassen.

... eine unfreundliche Hostess verwies uns darauf, dass das Wetter Sache des lieben Gott sei und sie nichts dafür könne.

… die nette und liebe Hostess verteilte den schönen Imbiss, aber nur bis Reihe 9, uns in Reihe 10 musste sie mit allerschönstem Lächeln mitteilen, dass man leider zuwenig an Essen an Bord habe.

… Miss X is most definitely an asset to your firm and one that you can take pride in the fact that she represents you.

… eine Woche nach dem anschaulichen Vortrag von Herrn Moritz Suter erlebte ich in der Praxis die Früchte der gestrengen Selektion des Big Boss. Wir hatten eine hübsche, natürliche, liebenswürdige Hostess, die auch soignierte, graumelierte Herren in die Schräglage versetzte, damit sie ihr möglichst lange nachschauen konnten.

… es wäre an der Zeit, die wenigen Zeitungen vom Heck zum Rumpf zu verteilen, damit die Raucher auch mal in den Genuss einer Zeitung kommen.

… as a doctor that works on the chopper of the emergency medical service in Italy I know something about good and bad flying, and the hostess very kind and professional.

… der mir unbekannte Herr auf dem Einzelsitz Reihe 10 war verrückt.

… nicht nur, dass der Pilot Wolken etwas umflog, damit man wirklich etwas für das Auge hatte.

… die Hostess tat einem leid, sie musste «ausbaden», woran sie unschuldig war.

… mais, pour l'amour du ciel, donnez-nous un petit repas sympathique comme avant sur ce vol.

… muss ich Ihrer Stewardess ein Lob aussprechen. In den 50 Minuten hat sie alle Fluggäste hervorragend versorgt!

... ein ganz grosses Kompliment an Ihre Hostess, die ihre Arbeit nicht nur perfekt und professionell macht – mit ihrer Ausstrahlung und Freundlichkeit macht sie das Fliegen mit Crossair zum Vergnügen.

... durfte ich den Piloten zusehen, wie sie mit Hilfe von Instrumenten und Know-how den Weg durch die oder besser an den vielen Gewittern vorbei suchten.

... auf Crossair-Flügen kann man im Rahmen des Möglichen ruhig arbeiten, ohne dass man «gwundrige» Augen des Flugpersonals befürchten muss.

... may we say how much we enjoyed each flight. All those delicious extras served by your lovely flight attendants, was one of the highlights of our holidays.

... die Ansagen am Mikrofon waren perfekt, die Junior-Hostess lachte sogar dabei.

... the stewardess poured the contents of the bottle of champagne over Mr. X. Without making an apology she was off to the cockpit.

... nicht nur der Flug mit dem «Jumbolino» war first class, und zwar bis hin zur letzten Reihe – auch die Damen waren so etwas von «aufgestellt», liebenswert und freundlich.

... Mademoiselle X s'active avec grâce, distinction, sourire, une totale compétence et efficacité.

... dieser Hostess gebührt meine hohe Achtung und Anerkennung bei der Bewältigung steter Höchstanforderungen.

... I want to congratulate to your company by the wonderful smile and kindness of Miss X. I has bean traveling a lot of years and I has ever seen a service like Miss X.

… vous hôtesses sont merveilleuses et devouées – toujours souriantes.

… die Hostess machte gute Miene zum bösen Spiel.

… ist diese Hostess so schlecht ausgebildet, ist sie desinteressiert an ihrer Arbeit oder versucht sie einfach Crossair Passagiere zu verarschen?

… leider war die Stewardess Ihres Subunternehmens absolut unfreundlich und lustlos. Hastig bediente sie die wenigen Passagiere, um dann für den Rest des Fluges im Cockpit herumzualbern!

… ich bedanke mich für Ihre Bemühungen und möchte nochmals ein Lob an die sehr sympathische Crew aussprechen!

… ein Geschäftsmann hat zwei Sitze beansprucht, es gibt leider auch in dieser Berufssparte Rüppel. Ich bin seit 42 Jahren verheiratet und könnte auch mit einem Einersitz Vorlieb nehmen!

… nous revenons de ces vacances si attendues, sans avoir pu découvrir les beautés grecques et encore plus fatiguées qu'à notre départ. Tout ceci à cause d'un mauvais service de votre part!

… von A–Z bin ich vom gebotenen Service angenehm überrascht, zu den neuen Luftvögel «Jumbolino» beglückwünschen ich Sie!

… ich bedancke mich für ihre aufmergsamkeit und hofe auf beseren service in zukünft!

… ich bin ausserordentlich zufrieden mit dem Service der Crossair. Selten sind die Cabin-Crews so liebenswürdig, ausnahmslos!

... ist es das, was sich Ihre Hostessen vorstellen?

... die Stewardess tat ihr Möglichstes mit einem Erfrischungstuch. Sie wollte mir noch ein Papier aushändigen, doch ich winkte ab, ich wollte so schnell wie möglich an die frische Luft, da es mir nicht gut ging!

... I enjoyed my Crossair flight (what a difference) and was reminded of the days before the Jumbos, when service was personal and passengers didn't have to fight for seats, wait in queues and push for baggage!

... je dois vous dire que l'hôtesse fait honneur à votre compagnie. Gentillesse, serviabilité, compétence, et le tout avec dynamisme et le sourire. Bravo!

... the service is vastly inferior to the Air X service. This applies to many other Crossair flights from Basel!

… Le personnel navigant (pilote, copilote et stewardess) ont été d'une amabilité bien supérieure à ce que nous pouvions attendre, ce qui a bien entendu contribué à l'agrément du vol!

… ist die Sitzdistanz so kurz, dass ich (1,90 m) mit meiner Bein-/ Knielänge nicht gerade sitzen konnte. Ich meine, hier ist die Crossair wirklich zu weit resp. zu eng gegangen!

… Ich kann Ihnen und dieser Dame kein grösseres Kompliment machen, ich fühlte mich um Jahrzehnte jünger, ich war wieder in der Zeit, als ich mit der alten, guten Superconny die Welt bereiste!

… never have I seen such dirty windows on an aircraft. While the pilot pointed out the Matterhorn, all we passengers could do was groan!

… es ist sehr risikofreudig seitens Crossair einen Service anzubieten, den Sie, wie sich zeigt, nicht in der Lage sind, gemäss Flugplan auch auszuführen!

… I was absolutely furious and made it quite clear that unless adequate compensation for what occurred on this flight I would go to the newspapers and tell them exactly what I thought of Cross Air!

… ich möchte mir bedanken für die ausgezeichnete Service und professionelle Bedienung von Frau X und weiter Besatzung!

… dafür liessen die 3 Hostessen deutscher Zunge nicht locker, bis eine junge Frau als blinder Passagier im Cockpit plaziert war!

… bin ich in den letzten zwölf Monaten mit etwa 100 verschiedenen Maschinen geflogen, aber solch ein Durcheinander habe ich auf keinem Kontinent erlebt – nicht einmal bei der Aeroflot!

... I would like to add that N. ist the first stewardess who appears to really love her work. N. – don't loose your enthusiasm!

... the service, friendliness of the stewardesses, the refreshments provided and the overall attention given is definitely first-class!

... wir sind öfters Passagiere Ihrer Fluggesellschaft, diesen Service haben wir nicht verdient!

... gibt es keinen standesgemässen Zmorgen, der zur meist eindrücklichen Alpenkettenszene passt!

... die äusserst charmante Bedienung war zwar ein Trost, konnte aber meinen leeren Magen nicht füllen!

... so eine charmante und glücklich lächelnde Stewardess sieht man wirklich nicht jeden Tag!

... die Crew erfüllt ihre neue Aufgabe mit sichtlicher Begeisterung und Hingabe!

... die neuen Uniformen sind eher zu konservativ geraten!

... I like the new uniform – your air hostesses really don't look like air hostesses!

... Air X-Stewardessen sollten 1× bei Ihnen in punkto Höflichkeit einen Kurs nehmen!

... Ihre Stewardes Frau X war besonders nett und liebenswürdig zu mir alten Dame (82 Jahre)!

... wenn ich schon den höchsten Flugpreis bezahle, möchte ich den für mich bequemsten Platz – und nicht ein Refugium das ein Manager oder Verwaltungstiger für mich als optimal auserkoren hat!

… hätte ich eine derartige Organisation der Flugzeugkabine bisher nur bei Buschpiloten für möglich gehalten!

… I can happily say that your cabin staff were the happiest crew I have travelled with!

… Ihre Sitze sind nicht zu verstellen, man sitzt dort wie ein «Affe auf dem Schlafstein»!

… your cabin crew are the link between client and yourselves, with this crew you have certainly excelled. Thank you for your effort!

… ich war während 2 Stunden einem Lärmpegel ausgesetzt, den die SUVA an einem Arbeitsplatz kaum tolerieren würde. Warum bieten Sie den Passagieren unter diesen Umständen nicht einen Gehörschutz an!

… ich war total verärgert und schmiss meine Zeitung auf den Boden!

… ich habe selten, bei welcher Fluggesellschaft auch immer, eine so nette, aufmerksame und zuvorkommende Stewardess angetroffen, was ich Ihnen doch einmal zur Kenntnis bringen möchte!

… die Maschine war voll, die Flugbedingungen nicht gerade ideal, alles verlief aber problemlos dank unserer perfekten Gastgeberin, Frau X!

… votre personnel (le pilote, je crois) n'a pas jugé bon de renseigner les passagers dans notre langue française. Je trouve cela inadmissible, le français est une de nos langues nationales!

… obwohl wir als PAD's mit grosser Vergünstigung geflogen sind, wurden wir erstklassig bedient. Besten Dank!

... the stewardess was lovely and couldn't do enough for her passengers. She treated everyone as if they were the most importart person on the plane!

... I have never had such a positive feeling about the crew, so I thought I must write this letter!

... ich wünsche Ihnen noch viele solcher Stewardessen, dann wird das Fliegen mit Crossair immer eine Freude sein!

... sie bot nicht nur diese oberflächlich-distanzierte Höflichkeit dar, sondern gab jedem Gast ein Extra an Aufmerksamkeit!

... the service on board was of a quality that I haven't experienced since the good old days when one felt obliged to wear a suit when flying!

... non seulement, les «sauvages» que nous étions se sont tout de suite senti bien en pénétrant dans le cockpit, la bonne humeur de l'équipage étant communicative!

... ich möchte den Crossair-Service über alles loben und ich schäme mich für meinen ständig monierenden Landsmann hinter mir (der sich sehr unanständig dem Personal gegenüber benahm)!

... herzlichen Glückwunsch zu dem überaus freundlichen Personal in Kabine und Cockpit. Man wird hervorragend betreut, der Service ist erstklassig!

... die Paszform der Stühle, ich habe keine andere Erklärung, ist geformd für den «Glöckner von Notre Dame», wobei ein «Normal» gebauter Mensch mit geraden Rücken unmöglich bequem sitzen kann. Wer ist denn schon imstande um mit cincm Krummheitsbogen eines Schildkrötenrückens zu sitzen. Übrigens der Klaptisch des Stuhles 5F ist dermassen durchgedrückt dass einem der Kafee in den Schoss fällt!

… etwas so Unhöfliches und Unfreundliches haben wir noch bei keinem anderen Flug Ihrer oder einer anderen Gesellschaft erlebt. So sassen wir gemütlich vor unseren leeren Gläsern und freuten uns, dass wir bald von dieser Betreuung befreit würden!

… dieser Vorfall ist eine sichere Methode, aus zufriedenen Fluggästen Unzufriedene zu machen, die voller Frust und Ärger ins Flugzeug einsteigen, um vielleicht nach anderen Transportmöglichkeiten Ausschau zu halten!

… gerne möchte ich Anerkennung und Hochachtung für Ihre Piloten ausdrücken. Ich habe bisher noch nie eine solche Schüttelbecherlandung erleben müssen. Da wurde es sogar mir mulmig zumute. Also: Ein herzliches Bravo an Ihre Piloten!

… je suis très surpris, que sur un vol international de plus de 2 heures, les passagers n'en soient informés qu'un fois que l'avion a décollé!

… it is totally unacceptable that you sell the seat 1A on your Saab 3400, it does not meet the minimum space and comfort standards. I suggest you that before replying in a mechanical way, you spend a few minutes in seating in that place bringing with you a normal briefcase and try to verify whether my complaint ist grounded or not!

… Gratulation auch zur neuen Dress. Einfach in der Farbe, aber kess geschnitten – modisch topaktuell!

… als Laie kann ich mir die erforderliche Konzentration und das fliegerische Können vorstellen, um bei diesen Wetterverhältnissen so saubere Start's und Landungen auszuführen. Ich hatte mein grosses Vergnügen an dieser Art zu fliegen und möchte nicht versäumen Ihren Bordmannschaften, besonders den Piloten, meine grosse Anerkennung auszusprechen!

... je vous signale que c'est la dernière fois que je vole avec Crossair.

... das zeigte mir, wie unehrlich Ihr Pilot gegenüber den Passagieren war und sich erlaubte, uns einfach irgendetwas zu erzählen!

... ich möchte es wieder einmal erwähnen: der Service bei Crossair ist einfach exzellent. Aufmerksam, rasch, höflich, es stimmt einfach alles!

... ihre Hostess sorgte dafür, dass jeder Gast sich als VIP fühlte, die Piloten setzten die Maschine butterweich in Zürich auf, der Sekt war «Sparkling» die Brötchen 1. Klasse. Rundum eine Freude mit Crossair fliegen zu dürfen!

... after landing in Zurich the whole crew was standing under the door waving and saying byebye to me. Please say a special thank you to this special crew!

… if I put my legs together I am disturbing the passenger in front of me. If I put my legs outwards, I get «bleus» on my buttocks because I cannot lift the armrest. Yes I am tall, but I am not the only passenger complaining!

… gestern kamen wir – due to overbooking von Air X – in den Genuss eines Crossair-Fluges mit Frau Y als Gastgeberin. Denn dies war sie wirklich, keine unpersönliche Hostess, sondern eine charmante, fröhliche Dame, die uns die unangenehme Situation vergessen liess. Wir danken ihr dafür und wünschen ihr noch viele «happy landings»!

… for such a short flight the service was amazing. Try finding that on any US flight of comparable length. Not to mention the scenery!

… what you offer ist excellent: choice, and as much or as little as you want, fresh and tasty, more personal service from your delightful hostesses. I will attempt always to travel with you!

… möchte ich Sie ermuntern, weiterhin so aufgestelltes und hilfsbereites Personal zu beschäftigen. In Zukunft werde ich meine Flüge immer bei Crossair buchen, weil die gute Küche und die sehr freundliche Betreuung an Bord belohnt werden müssen!

… j'ajoute que c'est la première fois que j'ai le plaisir, à l'arrivée, de saluer les hôtesses, bien sûr, mais aussi le commandant de bord ou le premier officier. J'ai été très sensible à cette attention particulière!

… sonst hatte mir die Fliegerei mit Ihnen immer gut gefallen, sowohl bezüglich Betreuung und Fliegerei. Man konnte auch schön die Landschaft am Boden bewundern!

… besonders hervorheben möchte ich die Freundlichkeit lhres Bordpersonals, den Champagner und die Chocowürfel, genau in dieser Reihenfolge!

... not only was the service, food and comfort excellent but the landing was superb. We have flown on many airlines and rate yours the top one. Thank you!

... im Reiseflug hat der Captain während mindestens einer Viertelstunde die Tageszeitung gelesen. Zeitweise wurde auch der Copilot in die Lektüre miteingezogen. Die Besatzung hätte doch wenigstens die Cockpittüre schliessen können. Ich bitte Sie den Captain anzuweisen, sich im Flug auf wichtigere Aufgaben zu konzentrieren!

... 1 Stunde wurde unserem Bauch das Gefühl von 8-er Bahnen näher gebracht!

... étant mois même hôtesse de bord chez Air X j'ai pu remarquer l'efficacité et la gentillesse du personnel de bord. Bravo à tous, en espérant qu'un jour nous prenions example sur vous!

... the two hostesses were polite, helpful, smiling, enthusiastic and very efficient. Excellent service – well done!

... kaum sass ich auf 11 F kam die Stewardess und bat mich, auf 11 D umzusiedeln, da sie einen grossen Plastiksack mitsichbrachte und ihn auf 11 F stellte. Ich bekam also einen Sitznachbar in Form eines Plastiksacks. Ein schrecklicher Gestank schlug mir aus dem Sack entgegen und ich hatte Mühe, keine Übelkeit aufkommen zu lassen. Mildernde Umstände kann ich der Stewardess einzig und allein zubilligen, weil der Flugzeug-Innenraum mit Menschen und Gepäck übervoll war!

... der Flug dauerte eine Stunde und 40 Minuten, das ist eine sehr lange Zeit in einem unbequemen Flugzeug wie der Saab 340. Kein Legroom, die Sitze lassen sich nicht zurückklappen, das Flugzeug vibriert und brummt, und wenn das Wetter schlecht ist fliegt man bei 6000 Meter genau in der Wetterzone und erlebt alle Turbulenzen hautnah!

... zu dritt hielten sich die Passagiere in der Pilotenkanzel auf, die Dame hielt ihren Sprössling über die Hebel zur Triebwerkbedienung. Wie hätte er sonst den herrlichen Ausblick geniessen können!

... I am just writing to say a big thankyou to the Air Crew, they were marvellous and could not have been any nicer than they were!

... warum müssen die Flight Attendants auf diesen Paris-Flügen die Passagiere immer auf französisch ansprechen!

... nach langen, anstrengenden, geschäftlichen Terminen und Besprechungen ist es immer wieder eine Erholung mit Ihrer Fluggesellschaft einen Flug anzutreten. Besonders wenn man von einer Hostess umsorgt wird, die freundlich, höflich, herzlich und zuvorkommend ist wie keine Zweite. Nach solch einem Flug steige ich wie nach einem Freitag aus dem Flugzeug!

... may I take this opportunity to highly compliment the Pilots and Cabin staff of both the above flights. Apart from being on time, the service and food was excellent, the Cabin Staff very attentive with very pleasant natural manners!

... ich hoffe sehr, dass weitere Geschäftsreisen mir ermöglichen Ihren Service zu geniessen und ich das Glück habe, von der nettesten Hostess der Crossair wieder umsorgt zu werden!

... als Quakiflyer sind wir für lange Strecken meist Kunde von Swissair, hatten aber kürzlich das Vergnügen mit Ihnen zu fliegen. Beide Flüge waren höchst angenehm, die Betreuung überdurchschnittlich aufmerksam, freundlich und genussreich!

... this was probably the best economy class flight I have ever had. The crew were excellent and the Samosas were the best I tasted outside my home in India!

… der Sitzkomfort in dieser Reihe ist eine Zumutung. Die Sitz-rückenlehne ist nicht einmal senkrecht, sondern leicht nach vorne geneigt und unverstellbar. Die Kopfstütze drückt den Kopf nach vorne, dass ein Flug nur mit Genicks-Kopfschmer-zen zu überstehen ist. In dieser Reihe ist vom Jumbolino nicht einmal das «Lino» übriggeblieben!

… I was really impressed by the service I have got on the board. Thank you very much for such a good preparation of the staff!

… man darf nicht nur «meckern», man soll auch loben und ich möchte die Gelegenheit benutzen, der Crew für den ausge-zeichneten Service und die Gastfreundschaft ein Kränzchen zu winden!

… möchte Ihnen mitteilen, dass wir mit dem Service äusserst zufrieden waren. Das Personal ist freundlicher als bei Air X – nicht so aufgetakelte hochnäsige Damen oder weibliche Stuarts!

… fand ich es befremdend, dass sich die Hostess eine halbe Stunde vor der Landung ins Cockpit zum Zeitunglesen (im Stehen) zurückzog. Als sie diese Tätigkeit beendet hatte, machte sie sich über umfangreiche Schreibarbeiten am The-kentisch!

… sometimes, life is too busy to do anything except complain. It gives me much pleasure to ask the Manager of Cabin Services for Crossair to personally thank the cabin team. These «front-line» people are a credit to Crossair and set you apart from your competition!

… we were absolutely delighted with the flight, the service was superb, the welcome excellent and the crew could not have been better. In fact we have not stopped telling every one of our friends and relatives – if the oportunity arises, fly Crossair!

... I have been a Purser with Air X for many years now and have had a chance to travel on many airlines all over the world. My entire crew will agree with me (we are deadheading) that the service we've received was excellent. We can compare! First class service, given by first class flight attendants. Keep up the good work!

... as we know that sometimes the price reflects on the quality, we don't expect much. But we were overly surprised with your fantastic and sweet crew aboard the morning flight from Paris to Basel!

... ausgezeichnete Crew und vor allem perfekte Cabin Masterin: Frau U., letztere ein «asset» für Ihre Gesellschaft!

... als häufiger Fluggast auf der Strecke Basel–Brüssel bin ich Ihren guten Service zwar bereits gewohnt, doch verdient die besondere Freundlichkeit und Aufmerksamkeit der Junior-Hostess Frau G. auf diesem Wege eine besondere Erwähnung. Unter der kundigen Leitung der Stewardess Frau L. gelang es durch ihre freundliche, charmante und zuvorkommende Art, die Flugzeit zu einer Zeit der Erholung zu gestalten. Wenn dies die Früchte Ihrer Ausbildungseinrichtungen sind, so kann man Sie beglückwünschen. Eine bessere Werbung für Ihre Fluglinie ist kaum denkbar!

... die Stuardess war nicht nur hübsch, sie wirkte wie Sonnenschein auf die Menschen. Dieses liebenswerte Menschenkind verrichtete ihren Service mit so viel Klasse und so viel «savoir-faire», dass ich den Entschluss fasste, Sie meine Herren für diese Stuardesse zu beglückwünschen!

... fand ich es eine absolute Frechheit, dass der Pilot anstelle in Venedig zu landen, infolge Nebels nach Lugano zurückkehrte!

... Miss S. is very efficient, very polite and I must add very attractive!

… ich erklärte der Hostess, dass ich mich schriftlich über die Art und Weise, wie Sie sich gegenüber mir verhalten hatte, äussern möchte. Frau M. erklärte mir, dass es nichts zu schreiben gäbe, dass sie ein reines Gewissen hätte und steckte mir meine Visitenkarte in die Hemdenbrusttasche!

… j'ai tiens a remarquer que dans ce date ont a trouve avec c'est compagnie et sourtout avec l'equipage des attentions formidables et beaucoup de ect. ect.!

… zusammenfassend will ich sagen, dass ich mich noch selten so wohl an Bord eines Flugzeuges gefühlt habe und hoffe, dass Sie weiterhin Prioritäten in der Kundenbetreuung setzen!

… die Airhostess fragte mich mit betont welschem Charme, ob ich einen frisch gepressten Orangensaft wolle. Zuerst dachte ich, sie wolle mich auf den Arm nehmen – bis ich den Saft probierte. Er war frisch!

… muss man ausser dem enorm horrenten, unakzeptablen Preis auch noch eine grosse Einbusse in Sachen Essen und Trinken über sich ergehen lassen!

… Frau X war so nett und hübsch, dass ich immer besser gelaunt wurde!

… Frau X leistete vorzügliche Arbeit, sie wahrt die Interessen der Firma, loyal, intelligent, mehrsprachig, fleissig, freundlich und hilfsbereit (vor 15 Jahren Air X-Standard). Bei solchem Personal würde «Fliegen» mit Air X & Co. wieder eine Freude sein!

… als Swissair Maître de cabine bin ich oft mit Ihnen auf Inlandflügen unterwegs. Diese beiden «längeren» Flüge nach Marseille haben meinen Mann und mich sehr begeistert. Ihre Flight Attendant boten allen Passagieren einen Firstclassservice!

... Frau X tat dies souverän, ohne Stress, freundlich, kulant und doch äusserst locker!

... Ihre Piloten geniessen in Leipzig einen hervorragenden Ruf, da sie häufig die Einzigen sind, denen selbst im dichten Nebel die Landung gelingt!

... die Mitarbeiterin verweigerte mir ihren Namen zu sagen, anstelle dessen sagte sie, sie würde den Käpten verständigen der mich aus dem Flugzeug entfernen würde!

... the air-hostesses were cheerful, friendly and pretty in a healthy way. They paid equal attention to all the passengers, and made us feel welcome. There was a neverending supply of fresh rolls and croissants and tea and coffee. Thank you very much!

... all the hostesses, by their charm and friendliness, almost made me forget the delay. I would suggest this to be recorded in their personnel records!

... die Bestuhlung der Saab 340 ist für durchschnittlich grosse Mitteleuropäer ungeeignet und fördert somit den Umsatz der orthopädischen Fachärzte!

... Anbei sende ich Frau X etwas «Süsses» zu mit unserem besten Dank für ihre uneigennützige und die Crossair PR-trächtige Bemühung und Unterstützung. Dies ist Werbung in Reinkultur, und gibt Anlass, dass dies weitererzählt wird sowie wir zu echten Crossair-Fans wurden (obwohl wir nicht zu den Kaffeelöffel «Sammlern» gehören, wie Herr M. Suter vermuten könnte)!

... I was very impressed indeed by the care and attention and the natural grace of service which was provided by your Stewardess Miss E. You have a jewel there amongst your staff and I wish you and your business every success for the future!

... durch den hohen Schwerpunkt der Gläser (hoch und schlank) besteht erhebliche Kippgefahr, insbesondere beim Steigflug!

... ich finde es ausserordentlich, welche Flexibilität, Leistungsfähigkeit und Kundennähe Ihre Crew und Ihr Team in Belp bewiesen hat!

... der Spruch der netten Hostess: «Fliegen Sie wieder mit uns!» kam bei meiner Ehegattin und mir in die falsche Speiseröhre!

... the seats were not comfortable, they were perhaps designed with anthropometric data from the 1960's, lacked of lumbar support and were of plastic!

... bin zum ersten Mal mit Crossair geflogen und war von Freundlichkeit und Aufmerksamkeit der gesamten Crew äusserst positiv überrascht. Sie haben sogar die sprichwörtliche Perfektion der Mutter Swissair übertroffen!

... die Stewardess öffnete eine Champagnerflasche und wünschte mir im Namen der gesamten Crew alles Gute zum Geburtstag. Gleichzeitig durfte ich die wunderschöne Nachtsicht durch die Pilotenkanzel geniessen!

... auf beiden Flügen wurden wir vorbildlich betreut. Die Crews haben wir über meine Flugangst verständigt. Die Stimmung an Bord war fast familiär!

... der Service Ihrer Mitarbeiterin übertraf den bisher gewohnten Standard bei Weitem! Ich war derart begeistert von Frau W., dass ich mich bei ihr auf diesem Weg ganz besonders für die zuvorkommende, angenehme, freundliche und gleichzeitig unaufdringliche Art der Betreuung bedanken möchte. Danke für die netten Stunden in der Luft und bis zum nächsten Flug!

... also starteten wir mit einem hübschen, kleinen, engen Fokkerchen 50. Flug gut – Flight Attendants hervorragend!

... die umsichtige und mit ausgewählter Freundlichkeit auffallende Stewardess hat den Flug zu einem ganz besonderen Erlebnis gemacht. Wegen Frau A. bleibt ein herausragender Gesamteindruck!

... after 35 years flighing very often with various airlines I must admit that the poorest dinner tray I ever had was on this flight!

... als Passagier, der an Flugangst leidet und für den Fliegen normalerweise nicht Kurzweil, sondern Herzklopfen bedeutet, hat es mir ausserordentlich wohlgetan, dass sich die beiden Piloten meiner so sympathisch angenommen haben!

... erstklassiger Service, hervorragende Bedienung der Flugbegleiterin, Frl. G., die mit ihrem süddeutschen Akzent und Auftreten ihren Charme vervollständigt. Auch die Aufmerksamkeit liess keine Wünsche offen. Crossair Airhostess des Jahres, why not!

... stellt die Reise für einen 1,92 m langen, eher kräftig gebauten Mann, kein besonderes Vergnügen dar. Auch kleiner gewachsene Menschen empfinden Ihren Business-Class-Komfort im Saab kaum als bequem oder gar gehoben!

... I have been impressed with the cleanliness of the cabin. Miss G. saw some grime marks on the baggage bins and immediately wiped it clean. Wherever my travel plans allow I most definately will fly with Cross Air again!

... die Sitze waren überall gleich eng, das Essen spärlich, Kaffee wurde nicht angeboten und das Kindermalbuch war bereits teilweise bemalt!

... den Stewardessen fehlt es an Freundlichkeit und Training. Antwort auf meine Frage nach einer Zugverbindung bei der Verspätung am 28. Mai: Mit der SBB haben wir nichts zu tun!

… der Diskussionsbeitrag des Captains bestand aus Anrempelungen und Beleidigungen. Wörtlich: «Wir müssen jetzt gehen, god damn it…» und «if we had more crazy passengere like you…»!

… sprachliche Ausnahmetalente gibt es bei Crossair einige, und das ist beeindruckend. Die Ansagerin auf diesem Flug hat es kaum bis zum Primarschulniveau gebracht!

… wäre es nicht auch diesem Kapitän gut angestanden, dem Beispiel seiner Kollegen zu folgen und die Zeit des Zwischenaufenthaltes in Brüssel zu nutzen, um seinen Passagieren einen freundlichen Abschiedsgruss zu entbieten? Oder hat der Umschlag von Zollfrei-Waren tatsächlich einen höheren Stellenwert?

… I would love for your crews to come to the United States and train some of our airlines in what true service is!

… der Aufstieg und die Landung war etwas ungemütlich, weil eine dichte Wolkendecke über dem Flughafen lag. Aber der Pilot hatte uns schon vorher darauf aufmerksam gemacht und in einem blitzartigen Sinkflug die Turbulenzzone durchstossen!

… die Stewardess von Air X sah ich nur einmal lächeln, und da blickte sie ihren Kollegen an!

… Frau M. bot auf diesem ausgebuchten Flug einen schlichtweg ausgezeichneten Service. Alle Passagiere in meinem Umkreis waren derselben Meinung!

… die verärgerten Fluggäste wurden aus dem Cockpit aufgefordert, sich über diesen Vorgang zu beschweren!

… Frau G. ist ein seltenes Beispiel für spontane, humorvolle und freundliche Kundenbetreuung!

... die Art und Weise wie Frau K. die Krisensituation gemeistert hat und noch so freundlich blieb ist einmalig. Es zeugt auch von der Qualität Ihrer Führung, dass sie Instructor ist. Bravo Crossair Management. Bravo Mr. President!

... mein Mann hatte eine Super-Aussicht auf den Flügel!

... während des ganzen Fluges zehrte nicht nur der Motorenlärm an unseren Nerven, sondern auch der Kerosingestank, sowie die Behandlung durch das Kabinenpersonal der Air X!

... Ihr Saab 340 gab wieder her was er konnte: fürchterliche Vibrationen und ausserordentlicher Lärm. Wie kann man denn nur eine solche Fehlkonstruktion von Flugmaschine einkaufen!

... ich möchte auf die sehr starken und unangenehmen Vibrationen hinweisen, die in der Sitzreihe 1 am stärksten sind, und gegen hinten abnehmen. Sie äussern sich sowohl als Lärm, als auch als Surren des Bodens unter den Schuhsohlen!

... während der grossen Mehrzahl meiner Flüge gibt es gravierende Mängel auf der Toilette: kein Wasser, keine Handtücher, kein Toiletten-Papier oder alles zusammen!

... erlebten wir einen äusserst angenehmen Flug. Dass auch zwei Piloten dazu gehören, die ihr Metier beherrschen, möchte ich auch erwähnen. Diese beiden haben naturgemäss in ihrem «Kammerlein» weniger direkten Kontakt zu den Passagieren!

… you can therefore imagine my absolute horror and disbelief when your ground staff charged me for my excess luggage. I am shocked by your total lack of goodwill and by your appallingly greedy notion of Customer Service.

Das Fliegen beginnt schon am Boden

Das bedeutet, dass auch das Bodenpersonal vor und nach dem Flug sehr viel zur Zufriedenheit der Passagiere beitragen kann. Dabei wird dieses oft für Dienstleistungen in Anspruch genommen, für die es nicht zuständig ist oder keinen Einfluss nehmen kann. Sicher ist nicht der Stationsleiter schuld, wenn ein Passagier nach der Landung kein Taxi findet. Auffallend in diesem Bereich sind die überwiegend negativen Äusserungen.

... dort war eine ebenso überreizte wie hilflose Dame damit beschäftigt, etliche Geschäftsreisende in rüdem Ton abzufertigen.

... Frau X bestätigte, dass der Kurs annulliert wurde und statt dessen die Tirolina nach Innsbruck fliegte.

... diese Art, zahlende Kunden wie lästige Antragsteller abzufertigen, habe ich sonst nur in Staaten des Ostblocks gesehen.

... schlussendlich meinte ein Herr, der mit Air X angeschrieben war: «Nehmt ein Taxi!» Unser Problem schien lästig zu sein.

... die Information im Gelände lässt nun wirklich zu wünschen übrig. Nachdem man ein paar Bretterwände hinter sich gebracht hat, steht man plötzlich im Freien.

... am Air-X-Schalter war das Personal total überfordert und dementsprechend gereizt.

... der Nase nach bin ich dann nach rechts gegangen und – per Zufall – an eine Bushaltestelle gekommen.

... als ich einchecken wollte, wurde mir mit teilnahmsloser Miene die Überbuchung des Fluges um 50 Plätze mitgeteilt.

... der hervorragende Service im administrativen Bereich sowie beim Bodenpersonal hält jedem Vergleich stand.

... es war natürlich für die beiden Damen eine lange und mühsame Zeit, verbunden mit verschiedenen nervlichen Belastungen.

... eine einzige Ausnahme war ein Herr X, so wurde er jedenfalls von den Miezen angesprochen, welcher verzweifelt versuchte, stehengebliebenen Computern Atem einzuhauchen und aufgebrachte Fluggäste vom Selbstmord abzuhalten.

… leider war nach diesem Spiessrutenlauf mein Abholdienst schon in Richtung Basel unterwegs.

… vermutlich stehen jetzt noch etwa 25 vermeintliche Zürich-flieger unter den 2 Schirmen und warten bis Ostern auf das nächste Taxi.

… konnte ich einem mich vorher am Crossair-Schalter verarschenden Jüngling einen Taxi-Voucher entreissen und eines der Taxis erstürmen.

… ich zählte total 5 Schirme im Einsatz, welche vorwiegend von Ihrem Personal benutzt wurden.

… 30 bis 40 Passagiere standen dicht gedrängt in diesem Vorzimmer, starre Blicke auf das Ausgangsschildchen werfend, das nicht dort klebte.

… immerhin konnte ich mit Genugtuung feststellen, dass sich die junge, dynamische Crossair-Bodengeneration herrlich unterhielt und das Schäkern unter sich genoss und voll auskostete.

… dass der Abflug erst eine halbe Stunde später stattfand, vermutlich um das schlafende Personal der Crossair abzuwarten, konnte ich schliesslich nicht wissen. Auf diese Art und Weise sind die Flugzeuge wohl kaum zu füllen und die Farbe der Bilanzzahlen schwerst zu ändern.

… entweder sind die Lautsprecher von ABM-Fr.-5.99-Qualität, oder es hat Küchenschabennester drin.

… die Warteschlange (vor dem WC) konnte leicht umgangen werden durch Nässen der ohnehin ausgetrockneten Dekorations-Plastikpflanzen.

… I must congratulate your company for the dedication to customer service.

… sofern es das Markenkässeli von Crossair einmal vermag, könnte ein SBB-Kursbuch für X gekauft werden. Es hat dort keines – oder wurde verlegt –, oder die dynamischen Jungen können es doch nicht lesen.

… wurde ich in Worten (bis jetzt noch ohne Taten) aus der Air-X-Lounge komplimentiert. Stellen Sie sich einfach vor: etwa so ähnlich wie jeweils Hunde im Fernen Osten mit Fusstritten aus Restaurants befördert werden.

… das Verhalten der Firma X in Y, die, so es scheint, die Crossair vertritt, ist absolut skandaleus und grenzt an Fahrlässichkeit.

… auf die Frage einer Passagierin, die wissen wollte, wie Sie umbuchen kann, wurde Ihr zur Antwort geschriehen: «Bitte warten Sie, ich muss zuerst die loss werden, die mit dem Bus fahren».

… sagte mir die Angestellte des Flughafens, dass ich die Reise nur antreten könne, wenn sich ein Herr findet, der bereit ist, mich zu retten, falls das Flugzeug abzustürzen droht. Zu meinem Glück gab ein Herr seine Zusage. Dieser Herr müsste ein Engel in Menschengestalt sein, wenn er in einer so aufregenden Situation nicht zuallererst sich selbst in Sicherheit brächte.

… voran ging die Bodenhostess, die in sehr gepflegten Fingern hocherhoben einen Schweizerpass trug. Dahinter schleppte unsere eher schmächtige achtjährige Enkelin mühsam und schwankend einen 10–12 kg schweren Koffer hinter der graziös stöckelnden Hostess her.

… ich selbst wurde weiterhin wie ein «Schwerverbrecher» festgehalten.

… Frau X, welche zu dieser Zeit Dienst hatte, wollte mich mit den Worten «Da kann ja jeder kommen» abfertigen.

… musste ich erfahren, dass die Abfertigung erst eine Stunde vor Abflug erfolgte und bis dahin die Passagiere ihr Gepäck umher«wägelen» müssen.

… Ihre Mitarbeiterin hat mich am Zoll abfangen und mir das Glas wieder abnehmen lassen. Ob dies ein werbewirksamer Stil ist, überlasse ich Ihrer Einschätzung.

… zu bemerken ist der schlechte Bodenservice in einer zugigen, abgashaltigen Bahnhofshalle. Das ist in Somalia auch nicht besser.

… ich fliege jeden Montag, deshalb kann ich den Unterschied so gut beurteilen. Ihr Bodenpersonal arbeitet sich wirklich für Ihre Gäste auf. Und dabei bleiben sie immer freundlich.

… vor der Reklamation möchten wir Ihnen mitteilen, dass wir am Schalter sehr zuvorkommend und super bedient worden sind.

… das vorgenannte Verhalten ist flegelhaft und deutet auf eine mangelnde Kinderstube!

… finde ich es unglaublich wie diese Situation behandelt wurde und die Kosten die wir damit aufgelaufen habe!

… seit wann darf man mit dem Taxi nicht mehr in die Nähe der Abfertigung fahren und muss das Gepäck in den Terminal schleppen?

… es blieb mir nichts übrig, als mich in der Früh eilig in diverse Geschäfte zu begeben, um mich dem Anlass entsprechend einzukleiden!

wie die Sache war, musste Grossmutter (74 Jahre alt) einige Stunden mit Kleinsohn auf den nächsten Flug warten. Ich, die Mutter, habe extra Bahnkosten Aufgelaufen!

… there I was awaited by, what appeared to be, the most un-friendly ground stewardess I have ever come across. She informed me flatly that I should consider myself extremely happy that Air X had seen fit to award the passengers with this bus service to Basel! After having arrived in Basel I sat down and counted my blessings!

… die Tasche ist mit dem Traktorfahrer runtergefallen und drübergefahren!

… während der Busfahrt wurde nicht einmal ein Unterbruch gemacht, für den nötigen Bedürfnissen nachzukommen!

… auf meinen Ferien-Ärger, den verlorene Tag und das Herumgeschicktwerden möchte ich an dieser Stelle nicht weiter eingehen!

… ich war noch nie mit so Tickets konfrontiert worden und ich nahm an, dass es für Hin- und Rückflug gelte!

… wurden wir noch vom männlichen Teil der Flughafenangestellten aufs wüsteste beschimpft, wir seien Idioten und selber schuld! Als ich ihm zu verstehen gab, er solle uns bitte in Ruhe zu unserem Flugzeug rennen lassen, sprang er über die Abschrankungen, schrie uns an und konnte nur mühsam von seinen Kolleginnen zurückgehalten werden!

… Keuchend komme ich zum Gate Schalter und erkläre sofort ich sei ein Notfall, leider spät dran, da ich soeben erst bei der Polizei fertig geworden sei, da ich der Handtasche beraubt wurde. Nachdem ich, nach all der Aufregung, schon vom Diebstahl her, nun die Nerven endgültig verliere und ausrufe – dies sei nun das allerletzte was ich je beim Fliegen (oder eben Nichtfliegen) erlebt hätte und ich würde immerhin für Firma X tagtäglich Swissair und Crossair buchen. Und dann!!!!!! Was sehe ich, die Crossair Türen werden geschlossen und vor meiner Nase fliegt mir die Maschine davon, ich glaube ich träume!

… alles in allem wurden wir wie der letzte Dreck abgefertigt!

… um 18.35 Uhr rennen wir also, vorbei an den beiden hämisch grinsenden «Wir haben es ja gesagt» Flughafenangestellten, zum Lift, rauf und in den Shuttle Bus!

… machen wir jetzt unter die Vergangenheit einen Strich und ich werde Sie gerne, alsbald ich am Flughafen bin, zu einem guten Glas einladen. Bitte sagen Sie mir, wo ich Sie einmal anrufen kann, um Sie am Flughafen Zürich einzuladen, damit Sie diesen «blöden Stürmi» endlich mal zu sehen bekommen!

… Frau X zeigte mir, dass es auch in unserer Zeit noch Menschen gibt, die nicht nur ein Organisationstalent beweisen, sondern auch ihre «Dienst-Leistung» herzerfrischend und positiv gestimmt durchführen. Dies kann ich Ihrem Unternehmen sowieso grundsätzlich bestätigen, dass Ihre Mitarbeiter eine sehr positive Auffassung zur Arbeit am Kunden zeigen!

… neben den Koreanern, ganz hinter in der Ecke, völlig unsichtbar, verbirgt sich der Crossairschalter!

… flüsterte er der Angestellten irgend etwas zu und fing an einigen Passagieren den Platz zu geben – und mich liessen sie immer wieder auf der Seite!!!

… war es nicht mehr möglich, die von Ihnen gewährte Reduktion fürs Parken einzuziehen (der Automat kann Ihren Stempel nicht interpretieren)!

… Miss X has done a superb Job and seems to have outstanding qualities which reflect your policy and philosophy in excel customer service!

… I showed receipt to the clarks in Cross Air counter, however they paid nothing without making an apology for me. They were unkind for a stranger. It is most unfair!

… mir stinkt es zu reklamieren, aber noch mehr stinkt es mir auf Flugplätzen rumzuwarten!

… I reserve your company's liability for doing nothing to me in staying in Bern. I had too bad impression to your clarks at X Airport!

… durfte ich in den Bus einsteigen, mit dem Hinweis, mich bei der Stewardess als Sitzloser zu melden. Die Anweisung wurde von mir auch artig befolgt und die Bord-Stewardess meinte dann, stellen Sie sich mal zur Seite, lassen Sie die anderen sich mal alle hinsetzen und der Platz, der dann übrig bleibt, ist Ihrer!

… was Freundlichkeit und Service Ihres Ticketschalters angelangt, ist der Ausdrück *saumässig* noch leicht untertrieben!

… die kleine Göhre ist uns fast mehr auf den Zahn gegangen als sie im kleinen Café einen Tisch daneben eine halbe Stunde lang mit jemandem grinste und lachte, vorher aber nicht die Zeit fand gemeinsam nach einer Lösung zu suchen!

… von der Dame am Informationsschalter kam die Antwort, sie sei von Air X, und man habe mit Crossair nichts zu tun. In der Transithalle seien Telefone, wo ich telefonieren könne!

… das Benehmen den Britische Hostess am Grossair Schalter in London war sehr ungehobelt. Ich bin eine richtige «Flying Dutchman» und nirgendwo habe ich so etwas erlebt! Ich möchte Ihnen aber auch Komplimente machen, für die korrekte Abfertigung am Grossair Schalter in Zürich und für die excellente Service im Flugzeug bei Hin- und Zurückflug!

… this extremely unfriendly treatment upset me to the extent that I burst out in tears. As I do not expect that Crossair has procedures implemented for dealing with client complaints I will forward a copy of this letter to Swissair!

… möglicherweise war die Boden-Hostess etwas überfordert.

… die Fürsorge mit der Herr X uns die Wartezeit auf einen zwar nicht eingetroffenen Fluggast erbrachte, ist bestens zu verdanken!

… wenn aber durch irgendwelche Sparmassnahmen jeder Abflug zu einem Poker wird, ist das für mich nicht annehmbar, und ich werde entweder zu Fuss gehen, schwimmen oder halt irgendwie mit irgendwem fliegen müssen!

… dies alles nur weil der «Slot» durch das Abfertigungs-Personal verschlampt wurde!

… alle Möglichkeiten auf dem Terminal etwas zum Essen oder Drinken zu bekommen, waren geschlossen und einige Leute die Travel-Club Karten hatten, durften dann in die Lounge. Der Rest sass dumm rum!

... als sich nach 13.00 Uhr an den Abfertigungsschaltern immer noch niemand meldete, wurden wir unruhig und versuchten durch Rufen auf uns aufmerksam zu machen. Alle Ausgänge Richtung Flugfeld waren verschlossen und niemand schien uns zu vermissen. Durchs Fenster mussten wir zusehen, wie die Maschine ohne uns wegflog!

... man wollte uns nur 2. Kl. Billette geben, um dann noch bis Basel in dem vollen Zug zu stehen!

... während an Ihren Leistungen nie etwas zu bemängeln war, hat sich dies mit dem «Operating» durch Crossair und des Einsatzes der Concordina Saab 2000 grundlegend geändert!

... al mio arrivo a Zurigo, al banco transfer, ho ricevuto il Boording pass, un funzonario, che senza informarmi ha segnat a mano se sigle WL, scoperte all'imbarco del volo. Comportamento scorretto, quasi da ladro di polli, ma probabilmente per salvarsi da discussioni!

... es ist allzu schade, wenn das gute Image, welches durch die in jeder Hinsicht erstklassige Flugbetreuung erzielt wird, vom Bodenpersonal durch kundenfeindliches Benehmen zerstört wird!

... ich bin ein Orchester Dirigent, komm nach Switzerland in Lugano zum dirigieren Konzert. Die Dame, die mich Flugkarte verkäufe, ist sehr, sehr nett aber anschein ein einfach Feher gemacht. Ich aber damals auch gar nicht die Karte genau gelesen, weil einfach mir so klar ist. Ich habe dann 289.– bezahlt für ein neues Karte und geflogen. Ich danke Ihr Zeit und bitte, dass ich Refund bekommen darf!

... da die Gepäckfächer bereits gefüllt waren von anderen Fluggästen, mussten Herr und Frau K. die Pelz-Mäntel auf den Knien verstauen den ganzen Flug und konnten so nichts zu sich nehmen, da der Tisch nicht runter ging!

… so wie die ganze Situation aussieht, wurde der Crossair-Flug von der zuständigen Check-in-Crew förmlich verbummelt!

… die Dame am Air X-Schalter, duty manager Mrs. X, war aber offensichtlich zu müde!

… nach 3 Stunden warten vernahm ich endlich das vertraute Geräusch des Cityliner-Motores im Betamode!

… als Berliner Qualiflyer von Crossair/Swissair möchten wir auch einmal danke sagen für die stets freundliche Betreuung am Boden und in der Luft. Wir hoffen, Sie halten weiter Berlin und dem Flughafen Tempelhof die Treue!

… nach 5 Stunden warten (Stunden, die fast nicht zu verkraften waren, Telefonanrufe, Taxis, die nervenzermürbende Ungewissheit und unser 4-jähriger Sohn, der völlig fertig mit den Nerven war) konnten wir endlich starten!

… the woman who had changed our reservations went crazy and called the check in man!

… if some of your staff at the airport in X would be less offensive, more understanding and polite, it certainly would make the experience to fly with Crossair even more enjoyable!

… nach dem Einchecken schnappen wir uns noch schnell ein, zwei belegte Brötchen von der Lufthansa (nicht verraten, bitte), um anschliessend Ihren vorzüglichen Champagner besser zu vertragen!

… Miss B. is elegant, kindly, helpful, amusing, exotic (nice tattoo), entrancing, all under careful control in the best possible taste!

… das check-in Girl veranlasste zudem ein Screening unseres Gespräches das damit gipfelte, dass ich vor Abflug den ganzen Koffer auspacken musste!

… they insisted that the visa was not valid and made my wife wait in a room which they locked when they had to leave the room – as if she was to escape!

… der zuständige Crossair-Angestellte erwies sich als eher unkompetent oder zumindest schlecht informiert und unhöflich, die Alternativen, die er uns anbot waren völlig geschmackslos (z.B. Carfahrt nach Lugano)!

… Eure späteste Check-In Zeit ist auf dem Ticket mit 14.20 angegeben, dass überhaupt nicht mehr reicht. Wir haben von Cannes aus den Bus um 13.00 genommen dieser blieb jedoch wegen unglaublichem Verkehr an jeder Ampel stecken wir kamen deshalb erst um 14.25 im Flughafen Nizza an dort suchten wir den Swissair Schalter den wir bald gefunden hatten, an diesem wurde uns jedoch mitgeteilt dass wir an einem Schalter der Air France einchecken müssen!

… ich beglückwünsche Crossair zu Frau B., so kundennahe, freundlich, einsatzbereit und mit anscheinend viel Freude bei der Arbeit, Spass verstehend!

… nach längerer «Hinhaltetaktik» wurde uns kurz vor «Torschluss» erklärt, dass nur eine Person Platz finde und wir uns zu entscheiden hätten, wer in Wien zurückbleiben müsse!

… uns war nicht bekannt, dass die Fluggesellschaften durch «Overbooking» bestimmen, welcher Kunde wann zu fliegen habe. Dies verstösst gegen unser Selbstbestimmungsrecht!

… two Crossair representatives arrived at the desk seemingly unaware of the darama that had been unfolding!

… we had to literally run for approximately 10 minutes to the gate. Bccausc 1 had the wrong shoes for running and was carrying heavy files, I now have an extremely sore knee and my lower back problem has returned!

… nach einigem hin und her bekam ich den Rollstuhl, wobei die entsprechende Angestellte sofort wieder wegrannte!

… dann fuhren wir im Bus übers Rollfeld und blieben vor einem Air X Flugzeug stehen: wo war denn das herzige Schweizer-Schwänzchen, und überhaupt, wo war die Crossair?

… after waiting ½ hour in the baggage hall I was told that the staff in question had been evacuated due to a fire alarm (we passengers were obviously not considered worth protecting)!

… das Crossair Flugpersonal ist immer angenehm und natürlich (ebensogut wie dasjenige von asiatischen Gesellschaften)!

… somit war Herr J. beruhigt, leider zu Unrecht, sah er doch die Maschine nach Bern abfahren, als er eben landete! Sie gehen sicher mit uns einig, dass dies eher eine Ausnahme ist, normalerweise wartet doch die eine Maschine auf die Andere, wenn es sich um wenige Minuten handelt, das hat Herr J. überigens bei Crossair schon erlebt!

… wir sind erfreut, wie charmant und umsichtig das Personal ihre wertvolle Arbeit im Auftrag unserer Schweizer Fluggesellschaft verrichtet!

'Ich wollte nicht nur meckern...'

Sehr geehrte Crossair !

Seit etwa 2 Jahren fliegen überwiegend meine Frau, oder manchmal auch ich, wöchentlich die Strecke Frankfurt-Zürich-Agno und zurück.

Der Zeitpunkt ist gekommen, mich energisch über die Flugpünktlichkeit der Crossair auf dieser Strecke zu beschweren.

Es gibt kaum einen Flug, der pünktlich ist. Am letzten Freitag gab es ca. 1 Std. Verspätung. Das heisst, meine Frau sitzt entsprechend lang im Gate in Zürich, ich, der ich sie in Agno abhole und aus Ascona komme, entsprechend lange in Agno. Die Entschuldigung der Crossair für die Verspätungen sind immer gleich, aber so fadenscheinig, dass sie für den 'Kenner' nicht glaubhaft sein können.

Ich denke jedenfalls, dass Sie als Flugunternehmen Ihre Fluggäste so nicht behandeln können. Ffm - Zü hat man die Möglichkeit, die Airline zu wechseln, Zü - Agno leider nicht. Möglicherweise lässt Sie Ihre Monopolstellung diese Linie deshalb vernachlässigen.

Ich möchte jedoch nicht nur 'meckern'. Ihr Bordpersonal ist vorbehaltlos zu loben. Freundlichkeit und Hilfsbereitschaft sind wohltuend.

Am Rande sei noch die Frage erlaubt, weshalb es keinen Direktflug Ffm - Agno gibt.

Hochachtungsvoll

Horst Pulina, D-69431 Frankfurt

... Exzellentes Essen: Zufriedene Passagiere, zufriedene Cockpit-Crew...

Die wichtige Funktion der Verpflegung

Es ist erstaunlich, welches Gewicht bei der Crossair der Verpflegung an Bord beigemessen wird. Die hier folgenden Meldungen sind deshalb äusserst unterschiedlich, weil vor einiger Zeit das ganze Verpflegungskonzept geändert wurde. Das rief unweigerlich totale Ablehnung oder uneingeschränkte Akzeptanz hervor. Deshalb enthalten die Briefe in diesem Bereich manchmal recht harte Formulierungen.

… was ich immer besonders geschätzt habe, war das Glas Champagner vor der Landung. Ist das Ihren rigorosen Sparmassnahmen zum Opfer gefallen?

… je dois dire qu'à partir d'aujourd'hui je souhaiterais recevoir toujours des «douches» au champagne sur vos vols, si elles sont suivies de bouteilles entières de «Venoge».

… flog das Rotweinglas meines Hintermannes in Augenhöhe an mir vorbei und landete, nachdem der Pilot die Maschine eingefangen hatte, auf meinem weissen Hemd und der Hose.

… aufgrund starker Turbulenzen über Frankreich kam es leider zum Umkippen eines Rotweinglases und der Verschmutzung meiner Kleidung.

… the crew refused to distribute any drinks.

… excellentes colations, bons sièges, hôtesses souriantes et actives. Je vous félicite.

… wir waren begeistert vom Kuchen vom Blech und dazu warme Vanillinsosse.

… Service sympathisch wie immer, Kost etwas mager, aber gut für die Linie.

… wenn man da noch in so wundervollen, strahlenden Augen der Stuadess blicken darf – schmeckt der Zmorge doppelt so gut.

… bitte schreiben Sie mir nicht, dass die Flugzeit zu kurz sei um etwas «anständigeres» zu servieren. Diese diletantische Ausrede hat bereits eine der beiden Hostessen auf Lager gehabt!

… leider hat sich der Passagier vor mir sich gelehnt mit dem Resultat, dass der guten Champagner anstatt schoen in die Kehle herunter ist, auf mein Schoss sich geleert hat!

… durch eine starke Turbulenz habe ich den letzten O-Saft ver-
schüttet und sass auf der Lehne des Sitzes 11A. Der PAX auf
11D bekam den O-Saft auf die Hose!

… regarder un client qui a payé son ticket 4500.00 FRF dans les
yeux… et plus lui sourire… quand on a que des sandwiches à
lui offrir, c'est déja de l'Art!

… ein Teller wird serviert, Meser und Gabel, was kommt? zwei
Brötchen. Ende!

… vous avez le front d'appeler menu «Best of Europe» mais que
je vous conseille de rebaptiser «Worst of America»!

… Ihr neues Gourmet-Konzept ist für mich, und verzeihen Sie
das Wort, Verarschung! Das haben Sie wirklich nicht nötig!

… Ihre neue Form der Verpflegung hat mir ausgezeichnet gefallen. Ich wünsche Ihnen noch viele dieser «jungen» Ideen!

… the food was excellent, I only wish that other airlines followed
your example!

… vorne gibt's kalten Champagner und warmes Essen – hinten
ist's umgekehrt!

… die Gipfeli sind kalt wie Sibirien und lahm wie das Schweizer
Fernsehen!

… beim Dreinbeissen in das kleine aber dicke Brötli drückt man
unweigerlich den Inhalt hinten hinaus, und wenn man Glück
hat grad nicht auf die Hose!

… bemühte sich die gute Fee das Gleichgewicht nicht zu verlie-
ren, was sicher nicht einfach ist mit 5 gefüllten Gläsern. Genau
1 Meter vor mir hebten die 5 Gläser ab wie bei einem Wett-
kampf, direkt auf mich zu!

… gab es frisch gepressten Orangensaft und qualitativ hervorragende Brötchen (keine vertrockneten Berliner Schrippen)!

… man erwartet etwas anderes auf der Crossair, da helfen auch
Schämpis und Sprüngliguetzli nicht ganz darüberhinweg!

… durch Verschütten von Kaffee auf meine Kravatte, Hemd und
Hose wurde meine Gelassenheit bis auf die äusserste Grenze
getestet!

… wenn man über 3000 FF ausgibt, verdient man besser als ein
mikroskopisches Imbiss!

… of all airlines I've used, Crossair astonished me with perfect
service, balanced and tastefully served snacks. Extreme
kindness showed by your crew – Thank you!

… we normally go to the Burger Bar at Heathrow before any
Crossair flight!

… bemühten sich vier völlig verlorene Flight Attendants chao-
tisch um ein höchstens 80% ausgelastetes Flugzeug. Reihe 10
hatte jeweils die Auswahl zwischen Käse, Käse und Käse!

… as she served me a glass of orange juice it spilled over my
white shirt. While I did not mind not receiving an apology, I
am concerned that after two washings my shirt still has orange
stains!

… mit dem gebotenen Essen verärgern Sie nur die Kunden. Eine
Hörnlimasse mit weisser Sauce die mehrheitlich zurück-
geschoben oder nicht angenommen wurde (sogar Kinder).
In diesem Fall wurde wirklich nur für die Schweinemästerei
gearbeitet!

… our compliments to the caterers for the very good fresh food,
far superior to that of Air X!

… vielleicht liegt Ihnen etwas daran, um auch Ihre vegetarische Kundschaft zufrieden zu stimmen.

… als das Wägeli bei mir ankam, war kein vegetarisches Essen mehr vorhanden. Hingegen floss ringsum reichlich Champagner. Wenn Ihnen Trinker und Raucher an Bord lieber sind als Vegetarier, müssen Sie Ihre Kundschaft entsprechend informieren!

… hoffen wir sehr, dass wir auf dem nächsten Crossair-Flug nicht auf den Kaffee verzichten müssen. Vielleicht könnte dafür der Ausschank an Sekt etwas reduziert werden!

… Crossair überrascht mich. Hat es zuwenig Butter und Emmentaler in der Schweiz? Während einer Zeit da die ganze Welt wegen Atomversuchen protestiert und Frankreichs Produkte boikotiert und ablehnt, serviert die «Schweizer»-Fluggesellschaft Französischen Butter und Französischen Emmentaler. Bravo!!

… meine Frau meinte ich solle das Silberbesteck nach Hause nehmen, es sei bedeutend schöner als unseres!

… wir haben uns sehr wohlgefühlt in Ihrem komfortablen Flugzeug und waren sehr angetan von Ihrem erstklassigen Service an Bord. Die Verpflegung war ausgezeichnet, in der Tat die beste, die wir je hatten!

… musste ich mich bei der ausserordentlich charmanten Hostess erkundigen, was uns da eigentlich offeriert wurde: ob Chüechli mit Rüebli oder Kürbis. Es waren Rüebli, hat aber nach nichts geschmeckt. Entschuldigung! Bin zwar nur Mini-Aktionärin, aber der Lätsch meines ausländischen Nachbarn hat mich zum schreiben motiviert!

… der gute und freundliche Service hat uns positiv überrascht und als uns gar noch Champagner offeriert wurde, war der Start zu unserer Studienreise vollauf geglückt!

… sagte die Fly Attendante «leider habe sie eben den letzten Orangensaft weggegeben, ob ich nicht anstelle Grapefruit-Saft trinken würde, sie müsste sonst eine neue Verpackung aufmachen»!

… ich beobachtete mit einem kleinen Schmunzeln, wie die Flight-attendant ihre grosse Mühe mit dem Öffnen der Rotwein-Flasche hatte, so dass sie das eine Mal die Hilfe des Flight-Officers, das andere Mal sogar jene des Captains in Anspruch nehmen musste. Bei welcher anderen Fluggesellschaft öffnet mir der Captain himself den feinen roten Tropfen?

… Kaffee in Tässchen, die von den stets freundlichen Hostessen garnicht so oft gefüllt werden können, wie sie leer sind!

… jetzt wird sogar noch Kaffee mit Gutzi serviert. Mein Mann und ich sind begeistert!

… bekantlich werden in der C-Class warme Hauptmalzeiten serviert!

… brauchen wir uns nich von unserem Lieblings-Carrier mit Sprüchen wie «Gourmet-Catering» an der Nase herumführen lassen!

… warum sind Ihre Brötchen immer mit kulinarisch unmöglichen Dressings beschmiert? Das ist Ausdruck eines Mangels an Kultur!

… in den letzten Monaten verwöhnten Sie uns lediglich noch mit wenig kreativen «Eingeklemmten», für die ein Stucki nicht einmal seinen Vornamen hergegeben hätte!

… der von Ihnen im Bordjournal so gelobte Master Chef scheint als «gastronomy consultant» bei der Zusammenstellung des Mittagessens gefehlt zu haben, oder sein Métier gewechselt zu haben!

… das Essen erinnerte mich – sowohl von der Menge, als auch von der Qualität her – an einen Flug, den ich vor 20 Jahren innerhalb des ehemaligen Ostblocks nehmen musste!

… das Mittagessen bestand zur Hauptsache aus einem Salat und einer Tasse Café!

… ich fliege sehr offt mit Crossair, der Servis ist immer hervorragend. Das Essen ist sehr schlecht geworden. Harte Brödchen - geschmackslos. Ein Hörnchen mit feinem Lach und ein Glas Champagnier oder dem ehnlich währe sehr gut!

… ich will um 18.00 Uhr keine "Tea Time" mit 3000 Kalorien von Kohlehydraten!

… I already have my schedule screwed up enough to enjoy your latest joke. After the disgusting salads of last year and early this year you've decided to scrve breakfast instead of diner and to serve diner for breakfast!

Gepäckverspätung Zürich-Heviz: Dank in Versform

Wer ohne schöne Kleider ist,
weil er das Fluggepäck vermisst,
der kommt sich etwas komisch vor,
steht schäbig da, als armer Tor.

Am zweiten Tag stellt man fest:
Die Koffern sind in Budpest.
Dort bleiben sie für längr Zeit;
nach Budapest ist s eben weit.

Das Büro Marti schaltet nun:
Frau Schenk will etwas für uns tun.
Wie lang es dauert? – Niemand weiss!
Man isst hier Gulasch nicht zu heiss!

Zum Glück für uns gibt s noch Frau Bors;
sie reklamiert und faxt ganz forsch.
Dank ihrer Hilf – am 6. Tag
steht das Gepäck in unsrem Schlag.

Flugs ziehn wir frische Kleider an
und fühlen uns wie andre dann:
bequem und sauber, chick und fein –
Bloss Kleider braucht's, um froh zu sein.

Wir danken sehr, Bors Ursula.
Es fehlt nichts mehr, s ist alles da.
Ein Dankeschön nach Kallnach geht,
wo jemand für uns Fest einsteht.

Paul und Margrith Sommerhalder,
8614 Bertschikon

PS: Der Flug wurde im
Reisebüro Marti, Kallnach, gebucht.

... mein Koffer sah aus wie ein Swimmingpool.

Die Passagiere bangen um ihr Gepäck

Jeder, der schon irgendwohin auf dieser Welt geflogen ist, schätzt es, wenn sein Gepäck gleichzeitig mit ihm am Zielflughafen ankommt. Das ist leider nicht immer der Fall. Meistens liegt es aber nicht an der Fluggesellschaft, wenn mit dem Gepäck etwas schiefgeht. Doch der Passagier kommt sich verschaukelt vor. Beschädigte Koffer sind ein weiteres, fast unerschöpfliches Thema. Was in diesen Briefauszügen klar zum Ausdruck kommt.

… es stellt also keine grosse Reputation Ihrer Fluglinie dar, dass Sie nicht in der Lage sind, ein Gepäckstück von Frankfurt nach Basel zu transportieren, ohne dass dieses verlorengeht.

… möchte ich mich beschweren, da Sie mein Gepäck anstatt nach München auf die Seychellen schickten.

… bitte schreiben Sie mir, ob ich den Koffer Ihnen per Bahn zulassen kommen muss, um den Schaden selbst zu beurteilen.

… voller Hoffnung erwartete ich meinen Koffer im Hotel, da am selben Abend ein Galadiner gegeben wurde. Um 18.00 entschied ich kurzfristig, die zusätzlichen Kleider, Schuhe und Körperpflegemittel zu besorgen. Ich bitte Sie um Überweisung des Betrages von Fr. 2629.07 auf das Konto…

… ich entfernte den Kabinengepäck-Kleber und mit ihm einen Teil des Leders.

… als 77jähriger kann ich es mir nicht mehr leisten, den Koffer herumzuschleppen.

… Tatsache ist, dass ich kein Gepäck hatte und von Ihnen bis heute verschaukelt werde.

… insgesamt zwei Tage lang habe ich an Flughäfen auf mein Gepäck gewartet. Das scheint mir nicht die sinnigste Art zu sein, den zehnten Hochzeitstag zu feiern.

… hier nahm die Tragödie ihre Fortsetzung, Air X verweigerte die Herausgabe des Gepäcks.

… am 6. März erlitt mein Koffer auf dem Flug einen Schaden, meine Schadensumme beläuft sich auf SFr. 127.–.

… durch das Fenster des Flugzeugs konnte ich diesen Koffer eindeutig als meinen identifizieren.

… in der Beilage sende ich Ihnen meinen Flugschein, der meinen Flug bestätigt, sowie die Schadenmeldung des Koffers am Airport.

… der vierwöchige USA-Urlaub mit meinem Göttibueb war umsonst! Sein Gepäck war nicht in Zürich, nun liegt er mit einem Nervenzusammenbruch im Spital. Ich verlange, dass Sie mir die 30 000 Franken bezahlen, sonst werde ich die breite Öffentlichkeit über Ihr Verhalten informieren und gerichtlich vorgehen.

… leider war Ihre Gesellschaft nicht in der Lage, die Ankunft meines Gepäckstückes mit der Ankunft meiner Person in Basel zu koordinieren.

… der Koffer war bisher ungebraucht (bestätigt durch die Dame vom Zürcher Flughafen: «nagelny»)

… stellten wir fest, dass unser Koffer ein handtellergrosses Loch sowie einen abgerissenen Traggriff besass.

… unmittelbar nach der Ankunft in Kloten – sozusagen den letzten Strohhalm benützend – ging ich aufs Fundbüro. Und in der Tat, das «Wunder» war geschehen: Ihre Reinigungsequipe hat wirklich meinen Schlüsselbund gefunden.

… warum wurde an meinem Gepäck diese blindwütige Zerstörung verübt, zumal ich keine kriminelle Bürgerin bin?

… der Koffer war ca. vier Jahre alt – nur 2- bis 3mal benutzt, da er zu gross ist. Er gehörte meinem Mann, welcher vor 3½ Jahren gestorben ist.

… wenn ich schon 2000.– für zwei Stunden bezahle, möchte ich nicht für zwei Taschen Platz machen müssen!

... das Loch war so gross, dass der Plastiksack herausschaute!

... wurde mir in London gesagt, ich solle mit dem Loch in Basel zur Crossair gehen!

... ich verstehe, es kann vorkommen, dass die Situation eintritt, in der man nicht beisammen sitzen kann, aber ich und meine Frau mussten getrennt sitzen, weil die beiden letzten noch freien nebeneinanderliegenden Plätze mit zwei Handgepäckstaschen besetzt waren!

... es regnete und als ich im Hotel mein Gepäck auspackte, sah ich, dass einige Kleidungsstücke nass geworden waren an der Schulter!

... bei Vorstellung des Koffermodells im Geschäft, war dieses vergriffen!

... bitte beachten Sie auf den beiliegenden Fotos, dass das massive Alu-Gerüst des Koffers durch Einwirkung von aussen stark verbogen ist, weshalb offensichtlich eine Flasche Weinessig geplatzt ist. Diesen Druck hält selbstverständlich kein fester Gegenstand im Gepäckstück aus!

... wir liegen (zu 3) in unserer Unterwäsche in den Betten, ohne Nécessaire, Wäsche etc., da Sie so «freundlich» waren, unser Gepäck einfach in Zürich stehenzulassen. Ich habe noch nie solch eine Unverschämtheit einer Fluggesellschaft erlebt!

... beim Ausstieg in Zürich war eine von mir gekaufte Ballenteines Flasche in meiner Gepäcktasche zerbrochen. Ich stellte es durch einen Schnitt in meinen Finger fest, als ich den Versuch unternahm Ihre Bordzeitung in die Tasche zu geben.

... leider ist der Koffer total *zerschliessen* angekommen!

... erst zuhause – als ich auspackte und mir dabei den Finger aufriss – bemerkte ich, dass der Beschlag an einer Ecke teilweise abgerissen ist!

… auch das Gebäck im schlimmsten Fall hätte können von den Angestellten der Crossair an die Bahn gebracht werden!

… gemäss heutigem telefonat teile ich Ihnen mit betreffend meines Handkoffers, der sich auf dem Flug von Basel–London beschädigt hat!

… wo allerdings die beiden Passagiere, die den Weg zum Checkin am schnellsten gefunden haben, geblieben sind, dass weiss nur Herr X. Im Gepäckraum vielleicht?

… haben wir unsere beiden kleinen Handgepäckstücke, die noch den Vorschriften vor 25 Jahren entsprechen, der Hostess zum Verstauen hingestellt!

… ich muss mich nur empören auf die art und weisse das mein ein gepäck so einfach hinstellt und einfach davon fehrt. Ich hofe in zukünft es passiert mir nie wieder und hofe auch das mihr nichts fehlt im gepäck!

… was die Beule angeht, wurde sie irrtümlicherweise erwähnt. Sie war schon vorhanden!

… für die Reperatur des Ziehgriffs meines Koffers überweisen Sie bitte den zuständigen Betrag auf mein Bankkonto!

… leider ist mein Koffer nicht nach Kalamata gereist. Das hat mich sehr geärgert und ich werde keine Ferien mehr in Griechenland machen!

… muss angenommen werden, dass der Koffer durch längere Berührung mit einer rotierenden Einrichtung durchgescheuert worden ist!

… teilen wir Ihnen mit, dass Herr und Frau X, abgesehen von diesem Zwischenfall mit dem Gepäck, vom Service und den Leistungen der Crossair begeistert sind!

... zu Hause angekommen, warteten voller Erwartung unsere Kinder auf den Film, den wir bei Verwandten aufgenommen hatten. Wir machten die Tasche auf und stellten zu unserem Schrecken fest, dass man uns die neue Video-Kamera und Zubehör gestohlen hat. Der Wert beläuft sich auf DM 2300.–!

... liebe Firma Crossair, beim Transport meiner Reisetasche ging ein Spezial-Filter meiner Kamera ins Jenseits. Ich bin untröstlich. Mir zerbrach damit eine unersetzliche Köstlichkeit. Es ist, wie wenn eine Schellack-Platte mit 78 Touren zerbrochen worden wäre. Mit New Orleans und Blues und Dixiland, in den Rillen!

... fiel mir auf, dass unter dem Begriff «Kabinengepäck» wohl teilweise eine mittlere Zügelunternehmung verstanden wird. Vom Kleidersack im Format einer halben Matratze über Regenschirme die von der Grösse her jeder Gartenwirtschaft gut angestanden wären bis zu sogenannten «Attaché-Cases», die ohne Rückenschaden wohl kaum von einer Person allein getragen werden können. Wie bei einem Auswanderertreck!

... I was devastated upon opening my luggage that 3 from 8 antique glass articles I had bought in London were broken!

... sofort zurück an den Crossair Schalter, in etwa fünf Minuten hatte ich mein Etui wieder! Sehr kleine Sache, pinuts, aber trotzdem – chapeau!

... wurde unser Gepäck fehlgeleitet. Da sich der Wohnungsschlüssel in diesem Gepäck befand, musste die Wohnungstür von einem Spezialisten aufgebrochen werden. Ich bin Ihnen dankbar, wenn Sie mir den Betrag von SFr. 180.– überweisen!

... kam mein Koffer in raponiertem Zustand an: der Henkel war ganz verschwunden, der Koffer zerquetscht, Nieten fehlten, das Einlagematerial war gebrochen. Falls Sie das Corpus delicti brauchen, bin ich froh um baldige Mitteilung!

… die Tasche war halbiert und es fehlten uns einige Sachen, was wir später immer wie mehr bemerkten!

… die schöne, gut organisierte Reise endete leider bezogen auf den Rücktransport des Fluggepäcks mit einem Wehrmutstropfen.

… unsere in Guernsey neugekaufte Strickjacke ist auf der Strecke geblieben. Wir nehmen an, dass der Kofferinhalt in Guernsey kontrolliert worden ist, die Jacke mehr oder weniger versehentlich dabei liegen geblieben ist!

… die Reisetasche ist nicht mehr reparierbar, das gesamte Gepäck war durchnässt mit Wein, welcher ebenfalls beschädigt ist!

… wurden wir von Schalter zu Schalter geschickt und nach 1½ Stunden konnten wir endlich unsere Koffer loswerden. Unser Eindruck war, dass die Crossair in Kopenhagen nicht sehr beliebt ist!

… als ich zu erkennen gab, dass ich meine Tasche gerne mit in die Kabine nehmen würde, gab mir der Captain folgende Antwort: «Hier wird gar nicht diskutiert. Wir sind voll heute!» Also beugte ich mich der Gewalt.

… non intendo richiedere nessun rimborso per il danno alla valigia, visto che questa'è stata riparata e pulita dal sottoscritto. L'unica spese che vorrei vedere rimborsata è quella che riguarda la pulizia a secco del mantello!

… I could not be at the cocktail because of my delayed baggage. I bought some things for resor my face, and one sockets!

… je suis donc allei faire un minimum d'achat etant très embarrassée de passer la fête du 14 juillet et être au bord de la mer sans même un slip propre!

… wir hatten in diesen 1½ Tagen ohne Gepäck praktisch nur das zur Verfügung, was wir auf der Haut trugen. Man kannte uns inzwischen im halben Hotel: «Die Gäste ohne Gepäck und ohne Wäsche!»

… wenn Sie es zulassen, dass in ein vollbesetztes Flugzeug verschnürte Schachteln, riesige Sporttaschen und verschnürte Plastiksäcke als Handgepäck durchgehen, dann soll das Lumpenpack die Schachteln auf die Knie nehmen und nicht ich meinen Mantel!

… if these are your excess baggage charges then so be it. However, we shall not travelling with yourselves nor with Swissair in the future. In the meantime, kindly refund the sum of 50 pence overcharged!

… meiner Ansicht nach muss der Koffer offensichtlich einen heftigen Schlag oder einen Sturz erlitten haben!

… eine Breitseite des Koffers war angerapst, zerrissen und teilweise geschmolzen. Der Inhalt war teilweise geschmolzen, aufgerieben und verbogen. Die Stiefel weisen am Schaft Schmelzlöcher auf und sind damit unbrauchbar. In die Aussenseite eines Halbschuhs ist ein Loch von der Grösse eines Einfranken-Stücks geschliffen, er ist damit unbrauchbar. Der Handgriff/Öffnungsmechanismus des Kleinschirms ist verbogen und ist nur noch mit besonderem Kraftaufwand zu öffnen und zu schliessen, er wird deswegen die normale Lebensdauer nicht erreichen!

… als ich das Gepäck in Venedig entgegennahm, traf mich der Schreck: die neue Reisetasche meiner Frau war völlig zerfetzt!

… ich habe den Brillantring von meiner holländischen Schwiegermutter (gestorben) geschenkt bekommen. Der Mann hat einfach den Ring gestohlen und den Modeschmuck in der Tasche gelassen!

... muss man gemeinhin nicht damit rechnen, dass bereits einge-
checktes Gepäck geöffnet und anschliessend geplündert wird!

... ich bin mir heute sicher, dass mein Aktenkoffer von einem
Sicherheits-Beamten geöffnet wurde und dass im Koffer
«geschnüffelt» wurde. Auch ein grösseres Unbehagen macht
sich in mir breit, da die im Koffer enthaltenen Akten, sollten
sie in falsche Hände geraten, mir und unserer Firma grossen
Schaden zufügen können!

... in einem Spiel mit vertauschten Rollen muss Sie leider einer
Ihrer Versicherer mit einer Bitte um Kompensation angehen.
Nach einem Flug nach London City Airport musste ich leider
zur Kenntnis nehmen, dass mein Koffer eine Eigendynamik
entwickelt hatte und aus unerfindlichen Gründen nach Leipzig gereist war!

... ich bin nicht heikel mit meinem Eigentum, doch wünsche ich
den Koffer im gleichen Zustand zurück, wie Sie Ihr Eigentum
(z.B. Flugkörper) zurückerhalten!

... wir sind ausserordentlich enttäuscht erfahren zu müssen, dass
es offenbar auch einer renommierten Schweizer Fluggesellschaft nicht möglich ist, das Eigentum ihrer Fluggäste zu
sichern!

... mein Erstaunen war gross, als in Athen ein Passagier nach
dem andern in den Warteraum kam, ohne irgendwelche Kon-
trolle! Man hätte in einer Reisetasche leicht 10 kg Dynamit,
Waffen oder Handgranaten transportieren können!

... cet appareil endommagé est à votre disposition pour contrôle
ou part directement à la poubelle!

... die Läden waren geschlossen, ich musste mit Jeans und einem
verschwitzten T-Shirt an einen Gala-Abend mit Niki de Saint
Phalle!

… nach meiner Logik müsste es mindestens so sein, dass wenn das Flugzeug voll ist, auch die entsprechenden Gepäcke – wenn sie das Maximalgewicht nicht übertreffen (in meinem Fall 11 kg) – immer zugeladen werden können!

… to our amazement, we realized that several items contained in the bag had been damaged or lost. In our opinion the bag had been tampered with by a rodent!

… wir stellten uns vor, dass wir unser Gepäck am Vorabend des Abflugs problemlos, wie in jedem anderen Provinzflugplatz, aufgeben könnten!

… es scheint, dass entweder auf dem Pariser oder auf dem Zürcher Flughafen Gepäck-Marder am Werk waren!

... auch Ihre Konkurrenz schläft nicht.

Verspätungen sind mehr als unangenehm

Verspätungen, Annullationen oder Verschiebungen von Flügen sind sehr unangenehm. Besonders dann, wenn die Passagiere der Crossair – zu fast siebzig Prozent Geschäftsleute – am Zielort in der Regel eine Konferenz oder eine Besprechung abgemacht haben.

... mit fast 2stündiger Verspätung bin ich in Basel gelandet und bitte Sie, mir einen Teil des Flugpreises zurückzuerstatten.

... wie Sie erfahrungsgemäss wissen, entstehen durch Flugannullationen erhebliche Inkonvenienzen. Eine grosszügige Aufrundung unserer Forderungen Ihrerseits steht Ihnen frei.

... dort wurde uns kurz und bündig mitgeteilt, der Flug sei «cancellato», mehr wusste niemand, und von der Crossair war niemand in Sicht.

... hinzu kommt die Übermüdung, weshalb ich eine weitere Nacht in Bellinzona verbrachte.

... es ist mir unklar, wie Sie es fertigbringen, bis zum letzten Moment einen Flug vorzutäuschen, der überhaupt nicht stattfindet.

... es ist eine unwürdige Angelegenheit, einen Passagier unnötigerweise in den weitläufigen Gängen eines Flugplatzes zum Hin- und Zurückeilen zu zwingen.

... nach heftigen Interventionen bekamen die Kunden nach fünf Stunden einen kleinen Becher warmen Orangensaft!

... gab es schon um 22.30 nichts Essbares mehr in Ihrem Flughafenrestaurant und wir wurden um 23.30 buchstäblich an die Luft befördert. Für einen Euro-Flughafen wohl einmalig früh!

... auch bin ich es gewohnt bei Verspätungen mit einem Drink über die Wartezeit hinweggetröstet zu werden, doch auch hier «tote Hose»!

... stellte ich fest, dass mir aus meinem Koffer FF 10 000.– gestohlen wurden. In Anbetracht dessen, dass unsere Firma ein guter Crossairkunde ist bitte ich Sie, sich erkenntlich zu zeigen und den Schaden zu übernehmen!

… aber oha, wir flogen immer mehr in Richtung Osten, bis der Pilot meldete, der Flug würde 20 Minuten länger dauern!

… das Gepäckstück war durchwühlt und DM 420.00 in bar wurden entnommen. Bevor ich eine polizeiliche Anzeige gegen Sie erstatte, erbitte ich umgehend Ihre Stellungnahme!

… wenn ich mit 20 anderen Leuten in einem Autocar über den Gotthard nach Zürich gekarrt werde, so betrachte ich das – gelinde gesagt – als Zumutung!

… wurde ich einige Male frustriert wegen oben genannten Unregelmässigkeiten in Ihrem Flugbetrieb!

… zuguterletzt hatten unsere Kunden auch noch grosse Verzögerungen auf dem Rückflug, das war dann noch das «Tüpfelchen auf dem i»!

… wir waren erst um 22.00 Uhr wieder im Hotel und wegen der Hektik und Aufregung war uns auch der Appetit vergangen!

… wegen Verspätung des Crossair-Fluges kamen wir ca. 10 Minuten nach Abflugzeit zum Ausgang, nur um herauszufinden, dass SR 126 nicht auf uns gewartet hatte. Dies obwohl uns vom Crossair-Personal der Anschluss garantiert wurde. Das ganze passierte drei Tage nach der Restrukturierung des Verwaltungsrates der Crossair!

… perhaps an invitation to fly back to Switzerland during the remaining skiing season or next season on your airline might be appropriate to restore my faith in your airline and future skiing in Switzerland!

… ich möchte gerne zum Ausdruck bringen, dass die Art der Information und die Behandlung von Fluggästen eine Frechheit ist. Dass meine Frau zweimal nach Basel fuhr mich abzuholen sei mal dahingestellt!

… suite à un retard de plus de 3 heures, nous n'avons pu assister au mariage de mon fils. De ce fait, je vous demande de bien vouloir faire un geste commercial important qui me fera je l'espère oublier ce désagrément, même si je ne puis redemander une nouvelle célèbration de mariage!

… wenn es in Lugano geregnet hat aber dann nicht mehr regnet sollen eigentlich nicht die Autobusse benützt werden abgesehen das 4 Angestellte der Crossair versuchen den Bus schnell «zu füllen» ist beim letzten Mal eine Verspätung wegen Bustransport von 15 Minuten entstanden!

… Niemand fand es nötig uns über die Ursachen der Verspätung zu informieren. Hätten wir zu Beginn die Verzögerung gewusst, wären wir noch aus dem Flughafenareal heraus um etwas Anständiges zu essen!

… wenn Sie glauben, dass ich und ev. weitere Passagiere diese dauernden Verspätungen weiter hinnehmen, da irren Sie sich!

… usually Crossair is cancelled, rescheduled or so crowded that there are not enough seats!

… the flight arrived late allowing us exactly 6 minutes to get off the plane, clear immigration, collect our bags and race through customs before proceeding to the train station. You will agree that even Superman would have a problem with that one!

... und bitte Sie daher um Übernahme der Taxikosten sowie Entschädigung für die nervlichen Anstrengungen.

Die juristischen Folgen eines Fluges

Wenn Passagiere von einem finanziellen Schaden berichten, der offensichtlich durch die Fluggesellschaft entstanden ist, hat das oft fatale Folgen. Da werden Honorarausfälle, Umtriebe verschiedener Art oder Reparaturen in Rechnung gestellt. Nicht selten wird auch mit rechtlichen Schritten gedroht, etwa mit diesem Satz: Ich werde die leidige Angelegenheit meinem Anwalt übergeben.

... neben dem grossen Ärger und der noch nicht verdauten Wut über soviel Schlamperei der Flugcrew haben wir einen finanziellen Schaden erlitten.

... für Umtriebe und Ärger verlange ich eine Pauschale von Fr. 150.–, Ihre Rechnung vom 8. Oktober wird einstweilen nicht bezahlt.

... resultiert ein Verlust von einem halben Arbeitstag, für den ich die Fluggesellschaft hiermit voll verantwortlich mache! Der Ausfall bewirkte bei meiner Arbeitgeberfirma eine Lohnreduktion von Fr. 300.–, der Verlust des erwarteten Umsatzes ist mit Fr. 250.–- zu beziffern.

... wir hoffen, dass Sie sich zu einer gewissen Genugtuung und der vorgeschlagenen Geste durchringen können, damit unser ungutes Gefühl bezüglich Ihrer Gesellschaft etwas behoben werden kann.

... auf dem Flug nach Amsterdam wurde eine Mahlzeit serviert. Von dieser Mahlzeit wurde ich sehr krank und konnte deshalb am nächsten Tag nicht arbeiten. Meine Firma wurde dadurch geschädigt. Ich verdiene sFr. 205.– in der Stunde, das macht also 1640.– für 8 Stunden.

... sollte es mir auch hiermit nicht geglückt sein, mich verständlich auszudrücken, so würde ich bei Gelegenheit meinen Rechtsfreund um geeignete Nachhilfe ansprechen.

... wird mein Anwalt ein zivilrechtliches Verfahren wegen Beleidigung und Ehrverletzung einleiten. Im Rahmen dieses Verfahrens wird dann die entsprechende Ermittlungsbehörde in Ihrem Hause tätig werden, um das Verhalten der Crew abzuklären.

... Betr.: Reklamation wegen Verpassung des Flugzeuganschlusses wegen schlechter Organisation Ihrer Fluggesellschaft.

... womit ich den Schaden noch einmal konkret anspreche: nämlich den Entfall eines Arbeitstages, wobei ich eine Stunde mit
öS 543.00 analog dem Zivilingenieurtarif bewerte, der Arbeitstag hat 8 Stunden.

... ich erwarte von Ihnen umgehend einen angemessenen Schadenersatz freiwillig, oder Sie können sich auf einen ernsthaf-
ten Prozess gefasst machen.

... andernfalls werde ich geeignete Schritte einleiten, damit die
Öffentlichkeit von Ihrem Umgang mit Kunden erfährt! Recht-
liche Schritte behalte ich mir ebenfalls vor.

... senden wir Ihnen die Quittung der Reparatur sowie das Flug-
ticket des Hundes! Unsere Tickets haben wir leider schon
weggeworfen.

... sollten Sie den Betrag nicht umgehend regulieren lassen, wird
dies Konsequenzen für meine zukünftige Wahl der Fluggesellschaft haben und die Prüfung rechtlicher Schritte gegen Ihr
Unternehmen begründen.

... wurden wir seit nunmehr 9 Jahren immer wieder verwöhnt an
Bord Ihrer Flugzeuge. Daher verzichten wir auf Forderungen
unsererseits vollumfänglich.

... für die 3 Tage ohne Gepäck bitten wir Sie um eine Entschädigung an Ferienarrangement: Fr. 2220.– : 7 = 317.15 pro Tag
× 3 = 951.45

... verwende ich nun den Griff eines alten Koffers meiner Eltern.
Für die Montagearbeit erlaube ich mir, als Ingenieur, sFr. 50.–
in Rechnung zu stellen.

... laut EG-Recht muss die Transportfirma, wenn sie von einem
EG-Flughafen startet, für Arbeitsausfall aufkommen. Laut
Verordnung wären das in meinem Fall sFr. 264.00.

… die massgebliche Verzögerung bei der Wiederbeschaffung des Gepäcks war fahrlässig und begründet daher einen Schadenersatzanspruch. Forderungen aus diesem Titel behalte ich mir vor.

… mit Befremden habe ich feststellen müssen, dass Ihnen die Rechtslage nicht bekannt ist. Um den Briefwechsel in Anbetracht des Betrages nicht ins Endlose auszudehnen, setze ich hiermit eine letzte Nachfrist.

… in Bezugsname des oben erwähnten Fluges Beschwere ich mich bei Ihnen für die Art und Weise mit der ich als guter Kunde Ihrer Gesellschaft behandelt worden bin. Ich kann verstehen das solche Fälle passieren können, aber nicht eine vollkommende Unorganisation!

… hatte ich leider erhebliche Unkosten wie 3 Wartestunden in der Nacht à DM 35.– und ein kl. Mitternachtsvesper für den Chauffeur!

… als LUFTHANSA-Viel-Flieger ist es uns nicht gestattet, die Business-Class-Lounge Räumlichkeiten der SWISS AIR mitzubenutzen, da die CROSS AIR keine Business Class Plätze anbietet. Wir bitten Sie deshalb bei der SWISS AIR vorstellig zu werden!

… erlauben wir uns daher unser Missfallen im Zusammenhang mit vorstehendem Flug zu bekunden!

… j'ai déchiré mes bas auprès de la fermeture «Velcro» monté sur vos sièges. Voici la facture au montant de SFr. 7.95!

… Sie sollten noch wissen das wir 4 Fluggäste nach Lugano fliegend ein Auto gemietet haben!

… sie können sich vorstellen, dass der Schaden bei einem nach Zeit abrechnenden Anwalt wesentlich höher ist!

... ich habe in Leipzig eingecheckt und danach versehentlich mein Ticket in einen Abfallkübel geworfen. Ich bitte Sie um anteilmässige Rückerstattung!

... beiliegend eine Rechnung für ein Hemd und Unterwäsche im Betrag von Fr. 60.–. Dieser Kauf war nötig, da die Qualität der Wäschestücke, die wegen Orangensaftflecken mehrmals gewaschen werden mussten, stark gelitten hat!

... hiermit bitten wir Sie nun die Kosten für eine Hotelübernachtung in der Höhe von DM 1130.00 auf mein Konto zu überweisen!

... this amount is insufficient to cover the inconvenience and expenses I incurred due to the incompetence of your airline!

... obwohl ich nicht interessiert bin, dies auf die Spitze zu treiben, stellt es für mich es kein Problem, diesen Sachverhalt meinem Anwalt zu übergeben!

... the check was only equal to 186.00 Swiss Francs (266.00 US$)! This is outrageous and fraudulent! If I do not receive another check I will institute legal proceedings for damages incurred!

... da meine Frau «nur» Hausfrau ist, verzichte ich auf Lohnausfall für sie!

... für alle entstandenen Schäden und Folgeschäden am rechten Bein von Herrn X machen wir Sie haftbar. Den Flugpreis von Fr. 778.00 fordern wir zurück!

... es ist nicht zu fassen. Offenbar hat man noch nie etwas von Rezession gehört und hält sich – im Moment noch potente Kunden – mit allen Schlichen vom Leibe!

... Ihre agressive und arrogante Verkaufspolitik färbt schon auf Ihre Mitarbeiter in X ab!

… diese kleinkrämerische Schadensregelung macht Ihrem Unternehmen keine grosse Ehre und wird auch von meinen Geschäftspartnern mit verständnislosem Kopfschütteln zur Kenntnis genommen!

… ich verlangte sofort den Verantwortlichen der Crossair und beschwerte mich massiv über diese unverschämte «Schweinerei»!

… grundsätzlich beharre ich aber nicht auf materiellen Ansprüchen, da sich mein Ärger inzwischen gelegt hat!

… ich hatte schon von Anfang an nicht verstanden, dass Senioren als zweitklassige Passagiere betrachtet werden!

… musste ich mehr als zwei Flugstunden in einer für mich sehr unbequemen Körperhaltung zubringen, was bei mir zu starken Rückenschmerzen führte. Ich ersuche Sie, eine Teilrückerstattung des Flugpreises zu veranlassen!

… werde ich mich noch mit meinen Rechtsanwalt in Verbindung setzen!

… ich möchte hiermit ganz klar auf die unseriösen Geschäftspraktiken der Crossair hinweisen und mich über dieses Handling beschweren!

… Lieber Herr Suter. Es gibt Sie. Und deshalb weiss ich, wo ich explodieren muss. Das ist positiv!

… und glauben Sie mir, ich werde alles daran setzen, dass dieser Vorfall an die Öffentlichkeit tritt!

… hiergegen protestiere ich energisch und verlange volle Rückvergütung. Anderenfalls sehe ich mich gezwungen, die Aufsichtsbehörden beider Länder von diesem Vorgang zu informieren!

... ich war sehr unglücklich, dass dieser Flug so daneben ging und ich bitte Sie, uns mit einem nochmaligen Flug zu «entschädigen»!

... wäre es Ihnen möglich, uns beiden «Geschädigten» einen Freiflug zu schenken?

... aufgrund der beschriebenen Umstände kann ich nicht umhin, Ihrer Gesellschaft ein Verschulden vorzuwerfen!

... würden wir uns freuen, wenn Sie einige Flugbilette sponsorieren können!

... habe ich dieses Mal leichtsinnigerweise Schmuck in meinem Koffer transportiert, da mir die Reisen in die Schweiz immer sehr sicher vorgekommen sind. Nach Ankunft stellte ich die gezielte Entwendung meines Schmuckes im Wert von DM 15 000.– fest!

... fordere ich von Ihnen, dass Sie den mir entstandenen Schaden, 1 Tag Ausfall DM 1200.– und Schmerzensgeld für die Aufregung beim Flugabbruch DM 200.–, ersetzen!

... leider sehe ich mich gezwungen, mich in dieser leidigen Angelegenheit an Sie direkt zu wenden, da Ihre Vertretung in X offenkundig eine seltene Ansammlung von Inkompetenz ist!

... sah ich mich gezwungen, widerwillig in Florenz zu übernachten und überreiche Ihnen deshalb meine Hotelrechnung zwecks Begleichung!

... von Ihrer Gesellschaft wurde mit Flug LX 500 folgender Ausländer entgegen der gesetzlichen Vorschrift des Ausländergesetzes vom 9. Juli 1990 nach Deutschland befördert. Dem Grenzschutzpräsidium Nord habe ich eine Mehrausfertigung dieses Schreibens zugeleitet!

… nach erfolglosem Ablauf der Frist werde ich anderere geeignete Mittel zur Durchsetzung meiner Forderungen ergreifen!

… musste ich mir, als Geschäftsführer der Firma X, einen zusätzlichen Urlaubstag eintragen, da ich nicht zum Dienst kommen konnte!

… das ganze Flug-Arrangement entsprach einer Billigstflieger Leistung und nicht der einer Business-Class. Ich bitte Sie mir mitzuteilen in welcher Form Sie den Schaden gutmachen wollen!

… ich bin mir bewusst, dass Sie ja prinzipiell hätten fliegen können, der Grund der Annullation also ausserhalb Ihres Einflusses lag. Als Aktionär frage ich Sie trotzdem an, ob Sie uns mit einer «Genugtuungssumme» entschädigen könnten!

… aufgrund der Verspätung konnte ich erst um 15.15 Uhr mit der Praxistätigkeit beginnen. Eine Arbeitsstunde in meiner Praxis beläuft sich auf DM 450.–. Daraus ergibt sich ein Verlust von $1{,}75 \times DM\ 450.– = DM\ 787.50$. Ausserdem sind höhere Parkplatzgebühren angefallen (auf der franz. Seite des Euroairports)!

… mein Erstaunen bei der Ankunft in Florenz war gross: das Geld im Betrage von SFr. 2362.– war nicht mehr in meinem Gepäck. Die Diebe sollten unbedingt besser überwacht werden!

… wir ersuchen daher um Veranlassung der entsprechenden Kostenrefundierung!

… before I consider writing to the authorities and consumer/travel associations, I would appreciate your reaction!

… im weiteren würde es mich sehr interessieren, mit welcher Geste Sie meinen Ärger kompensieren werden!

… ich habe dann erst im Auto auf der Fahrt zum Hotel bemerkt, dass ich ein Loch habe.

… leider konnten die Flecken hervorgerufen durch Orangensaft, Kaffee und Birchermüesli trotz Spezialreinigung nicht entfernt werden. Deshalb erlaube ich mir, Ihnen SFr. 1004.50 für den Ersatz dieser Kleider in Rechnung zu stellen!

… I would like something to eat! The food was totally inadequate and I did not like it. I demand a total refund. I am starving!

… selbstverständlich ist mir völlig gleichgültig, ob Crossair, Air X oder beide Gesellschaften anteilig für den Gepäckschaden in der Höhe von DM 1053.00 aufkommen. Sollte allerdings keine Schadensregulierung Ihrerseits erfolgen, werden Sie verstehen, dass ich mich zu rechtlichen Schritten gezwungen sehe!

… ist der Flug ersatzlos gestrichen worden. Durch diesen Umstand sind mir direkte Kosten, Weg und Zeit, von ca. Fr. 4000.– entstanden, ganz zu schweigen von den indirekten Kosten!

… anbei erhalten Sie die Rechnung für die chemische Reinigung meiner Hose, die auf einem Flug leider verschmutzt wurde. Ich bitte um Rückerstattung von DM 9.20 sowie der Portokosten für diesen Brief DM 1.00!

… I would like a response from you within 48 hours, and your proposals on how you will compensate me for the loss of my jewellery!

… il est vrai qu'un peu de diète est bon pour la santé, mais au prix du billet on se sent vraiment lésé!

… ich war fest entschlossen mit Crossair zu meine Mutter in Amsterdam zu fliegen, aber unter diesen Umstände werde ich natürlich verzichten. Ich hoffe sehr, Sie nehme meinen Reklamation zur Kenntnis!

… ich halte das für ein Täuschungsmanöver, bzw. Verdummung des Passagiers und fordere konsequenterweise den Mehrpreis zurück. Motto: mehr Geld für weniger Service!

… der Umweg wegen Nebel hat mich einen Arbeitstag gekostet. Ich mache Sie aus diesen Gründen voll haftbar für sämtliche aufgelaufenen Kosten und bitte Sie, 4447.– umgehend zu überweisen. Ansonsten sehen wir uns gezwungen, den Rechtsweg gegen Sie einzuleiten!

… wäre es nicht in Ihrem Interesse, wenn ich meine Schadenersatzforderungen mit rechtlichem Beistand einfordern müsste!

… Sie können das Betrag überweisen auf meine Bankrechnung!

... das empfinde ich schlicht und einfach als Betrug – entschuldigen Sie!

... j'ai perdu une journée de travail avec mes clients et je leur ai laissé une mauvaise impression!

... Unterzeichneter möchte Sie hiermit höflich um Behandlung der geschilderten Angelegenheit ersuchen!

... erwarte ich von Ihnen, dass Sie sich irgendwie erkentlich zeigen, z.b. mit einem Gratisflug für die ganze Familie!

... Frau X war, bedingt durch die Verspätung des Koffers, nicht in der Lage, ihren Berlin-Aufenthalt in vorgesehenem Umfang zu geniessen. Wir verlangen für Frau X neben der Erstattung der obengenannten Kosten die Rückzahlung des Flugpreises. Dies ist damit zurechtfertigen, dass der Reiseerfolg durch ein Verschulden der Crossair praktisch nicht eingetreten ist!

... da sich meine Schlüssel im Koffer befanden, habe ich notgedrungen die Nacht im Hotel International verbracht. Ich unterstelle, dass Sie mir die Übernachtungs- sowie die Nebenkosten (für eine Flasche Champagner, die ich auf Ihre Rechnung getrunken habe) erstatten!

... malheureusement le vol fut très mauvais à cause des turbulances. Madame X n'allait pas bien du tout à cause du choc subi à l'aterrissage. Elle a dû prendre une chambre de jour!

... andernfalls sehe ich mich gezwungen, meine bisher zahlreichen Europa Flüge mit Ihrer Gesellschaft zukünftig neu zu überdenken!

... ich rechne mit Ihrer positiven Erledigung, zumal ich heuer bereits 52 Mal die Strecke Wien-Basel geflogen bin und im zweiten Halbjahr mindestens ebenso dieselben Reisen tätigen werde!

... über eine so schnelle Reaktion auf meinen Brief habe ich mich sehr gefreut. Das passt wieder in mein «Crossair Bild»!

... wir ersuchen daher um Ihre rasche Erledigung und verbleiben ...

... da ich von Crossair nur gutes sagen kann, und auch weiterhin mit Ihnen zu Fliegen gedenke, erhoffe ich eine volle Entstädigung!

... wir bitten Sie, sehr geehrten Herr Suter, um Stellungnahme für diese groben Fehler und möchten wissen, was Sie als Schadenersatz vorzuschlagen haben!

... I would appreciate you send me a draft for US$ 5359.00 for 2 days lost business (only charged costs and no profit loss charges)!

... ansonsten betrachte ich diesen casus als erledigt und erwarte Ihre Überweisung zum Erhalt unserer guten Geschäftsbeziehungen zu mir und zu der meiner Firma!

... wir würden uns freuen, wenn wir von Ihnen hören könnten, von wem wir unser hinausgeworfenes Geld wieder einfangen könnten!

... da wir zu einem geschäftlichen Golfturnier eingeladen waren, mussten wir uns eine behelfsmässige Ersatz-Golfausrüstung beschaffen. Ich bitte Sie, die mir entstandenen Kosten in der Höhe von DM 1195.00 zu erstatten!

... da es in Business Class usus ist, dass derartige Spesen übernommen werden, sende ich Ihnen die Quittung des Taxis für SFr. 209.– und einen Einzahungsschein!

... das Rauchverbot ist völlig schwachsinnig. Das war mit Crossair mein Abschiedsflug.

Rauchen an Bord: Eine leidige Sache

Das war in vergangener Zeit ein sehr heftig diskutiertes Thema. Es artete nicht selten in philosophische Auslegungen aus. In neuerer Zeit sind immer mehr Fluggesellschaften zu einem generellen Rauchverbot übergegangen. Was zwar die Diskussionen nicht verhindert, aber klare Verhältnisse schafft. Deshalb hier nur noch wenige Äusserungen von Crossair-Passagieren.

... ich war stocksauer! Hinter mir qualmten die Raucher um die Wette! Warum, fragte ich mich, sitze ich eigentlich in dieser miesen kleinen Kiste und werde verqualmt?

... musste ich diesen Flug wieder mit Kopfschmerzen, starkem Hustenreiz und Atembeschwerden verlassen, weil ein Passagier rauchen musste.

... anscheinend sind die egobezogenen Menschen-Raucher nicht freiwillig fähig, Rücksicht zu nehmen.

... they perform the usual smoker's trick of holding the cigarette above their head, so smoke has a "head" start in spreading elsewhere.

... völlig überrascht bin ich von Ihrer Bevormundung mit dem Rauchverbot! Wie wäre es mit einer Kleidervorschrift oder einem Redeverbot?

... eine halbe Stunde später wurde zwei Reihen hinter uns geraucht, ohne Einwand des Staffs!

... wie kann man ein Rauchverbot über eine Abstimmung herbeiführen, es wäre das Gleiche wenn wir als Passagiere über Ihre Gewinne abstimmen dürften. Wir würden sie für uns fordern!

... als Nichtraucher wurde ich gesundheitsgefährdend belästigt. Meine in London neu gekauften Kleider werde ich nach diesem Flug bereits in die chemische Reinigung geben müssen!

... egal wo man in einem Crossair-Flugzeug sitzt (mit einer kleinen Ausnahme: Saab 2000 «Concordolino») wird man liberal mit Rauch beglückt!

... ich habe noch die Zeit erlebt, als die Airlines ihre Kunden mit Zigarren und eigener Bauchbinde verwöhnten!

... ich möchte Ihnen ein grosses Lob aussprechen und mich von Herzen bedanken für die Einführung von Rauch-freien Flügen. Bravo für Ihre Pionierleistung in Europa!

... I am immensely grateful that you have adopted a total non-smoking policy on all flights. Your new policy will increase my use of Crossair. Thank you!

... werde ich meine Mitarbeiter anweisen gegen Ihr Rauchverbot vorzugehen, und zwar auf jedem Flug!

... I wonder if our many letters of protest about the smoke on board helped? Anyway now you are "non-smoking" we all fly with your airline. Thank you!